陳怡嘉——著

最難的一堂課

充滿挑戰的教育現場，
老師如何帶著愛和勇氣站在台上

各界推薦

身為一位老師，當你會自問「我是一位好老師嗎？」時，我相信，你肯定是一位好老師。當你會自省、會反思，你就會改進，會做得更好。

我也曾是一名學校老師，深知這年頭從事教職的困難。因此我佩服那些願意堅守崗位、兢兢業業的教育工作者。而我更敬佩那些，即使教學多年，仍然持續反思、精進，並堅守教育理念的老師。

通常，他們不是最得學生芳心，通常，他們總是做著吃力不討好的工作，但是，他們對學生的影響深遠，肯定是孩子生命中的貴人。怡嘉老師就是這麼一位，在不斷自省與自我要求中成長的老師。

我時常閱讀怡嘉老師的臉書文章，總讓我感動到淚流滿面。相信怡嘉老師的這本好書，能陪伴眾多教育工作者，甚至家長，度過每一個洩氣與挫折的時刻。

——**陳志恆**（諮商心理師、暢銷作家）

你知道嗎？學生心理受傷了，可以去輔導室療傷；但老師心理受傷了，只能默默等傷口好起來。直到讀了怡嘉老師的《最難的一堂課》，我們才終於可以好好哭一場，再勇敢好起來。

怡嘉是我見過最有「原則」和「能量」的老師！因為「原則」，讓她能帶領孩子走向正確的道路；因為「能量」，讓她不會被孩子和家長的情緒化而擊倒。不管你是不是老師，我都希望你讀完這本書，才會知道：孩子們的歲月靜好，是因為有好老師負重前行。

——**歐陽立中**（Super 教師／暢銷作家）

教學二十多年，我和怡嘉老師一樣，到現在仍會沮喪、憤怒、懷疑自己是否是個好老師。但謝謝她藉由自己的反思，出版這本好書，提醒所有的老師們——會哭、會生氣、會失落、會害怕，是因為你依然是一個好老師，教育需要你！

——**蔡淇華**（台中市立惠文高中圖書館主任）

／推薦序／

謝謝每一位願意了解、善待孩子的老師

——沈雅琪（神老師）

在國小的高年級二十年，我對高年級的孩子瞭如指掌，孩子只要有一點不一樣，我都能很敏銳地察覺，我可以自稱為高年級專家了。

但是，我卻不懂高中的孩子，從小自己帶孩子，他們從幼稚園、國小、國中到高中每個階段不斷地長大，但是媽媽卻沒有跟著進化，一直停留在孩子小的時候親暱又貼心的模樣，國中時孩子開始進入青春期、叛逆期，真是嚇壞我了，擔心自己的教育失敗，擔心孩子就這樣走了樣。

尤其是孩子在高一對環境和未來產生質疑，不願意上學的那段時間，不顧一切的憤怒、不留情面的言語攻擊……我焦慮到頭髮都白了，不知道該做什麼該說什麼才能讓孩子願意出門上學，願意開始為自己努力，我常常問工程師：「這孩子，會好嗎？」

沒想到他換了學校遇到一位好導師，慢慢願意遵守學校的規定，開始在意自己的表現，還會到導師辦公室去跟導師聊天、借書……真是讓我無法置信，竟然有人能讓孩子有這麼大的改變。

看了陳怡嘉老師的新書《最難的一堂課》，讀了好多老師在高中教室裡與高中孩子相處的故事，真心覺得跟每個階段的孩子相處，都有不同的「眉角」，想讓高中的孩子願意負責、合群、願意去做必要但不喜歡的事，溝通方式很重要。去懂得高中孩子的思考模式、看到他們看事情的重點，用相同的高度跟他們對話，才能與他們好好地相處。

跟國小的學生相處還算簡單，因為孩子年紀小，就算不開心、不喜歡老師，他們對老師的態度也還算客氣，但是急著想要變成大人的高中生，懂得說狠話來傷人，知道該說什麼做什麼才能踩到大人的痛處，就算不攻擊，表現出來的冷漠和抗拒，也會讓想要好好教學的老師寒了心。

在家裡跟兩個高中孩子鬥法就已經太困難，我無法想像在高中教室裡，老師要面對一個班級的高中生，心臟該有多強大？

陳怡嘉老師說：「要說酸話、要罵髒話、要攻擊對方的短處，只要不是啞巴，大家都會；但要忍住不說酸話、不罵髒話、小心不要批評到對方的短處，卻需要修養，需要忍耐。」這真是一門很難的課題，要讓高中的孩子用理智的方式對待身邊深愛他的人，需要很大的智慧。

我很謝謝她寫了這本書，從這本書裡我更了解家裡的兩個小大人，懂得用尊重的方式去跟他們對話、了解他們思考的模式、想表達心情的方式，也更感謝上天讓我家孩子在高中遇到跟陳怡嘉老師一樣棒的老師，讓他願意重新拾起對未來的希望、對學習的意願。

謝謝每一位願意了解孩子、善待孩子的老師。

／自序／

教育是學生的學習之路，也是老師的成長之路

這年頭，當老師，當一名好老師，真的是越來越不容易了。

回想我滿懷熱情來到教育現場時，實習時的我，不知怎麼拿捏跟學生相處的分際，心累、身也累。

學生打球贏了，因為另一個班「輸得臉色難看」，就要跟別人打架；打球輸了，也說「裁判不公平、對方手腳不乾淨」，也要跟別人打架。那時，我橫亙在走廊上，兩手推著兩班的學生緊張不已，終於等到教官趕到，平息了一場紛爭，真是大大鬆一口氣。

那時，我忙著鼓勵學生讀書，緊盯他們放學後的生活，跑去學校附近的撞

球店找人，深夜還跟學生在熱炒店搏感情，到最後學生送我的實習禮物，就是把我丟進學校的荷花池，全校注目，歡聲雷動，我還以為那代表我們很親，我終於贏得他們的心。

事後，我在每一年來來往往的實習老師中，看到當年那個「既沒有分寸，又缺乏威嚴，徒有熱情，最後不像老師也不像學生」的我，決心一改風格，成為一名嚴師。

「嚴師」就是不苟言笑，像法官嚴格執行命令；「嚴師」就是立場鮮明，不容學生質疑。第一個班是我正式老師的實驗，也是我形象的大翻轉，我成天穿著黑色套裝，頭髮故意弄成老派捲髮，做了數十種表格，每天緊盯學生各項表現。

遲到，記。周記遲交，記。上課睡覺，記。掃地不認真，記。升旗講話，記。態度不禮貌，記。所有行為化為表格，我從法官變典獄長，我的學生就是我的囚犯，我的愛就是不讓你鬆懈，我的記過就是督促你改過向上。我這麼辛苦努力，都是為了你！

那一年，第一個學期我就記出了一百四十七支警告。誰還敢說我「沒有威嚴」？誰還敢質疑我「年輕老師不會帶班」？我的班各項競賽都得名，我的班整齊畫一，我的班和我都一絲不苟。

可是，我的學生乖了一個學期後就越來越不聽話，我每天越來越忙，過單越送越多，也頭腦越來越不清楚。

「這個過記出去了沒？通知家長了嗎？怎麼又有他？」我從老師變成一個文書小姐，整天糾纏在一堆表格跟通知中，同樣問題一再出現，和家長已經談到無話可說，跟學生更是只有「恨鐵不成鋼、你怎麼那麼沒有羞恥心」的無奈感。

直到班上一再爆出大事，我才終於覺醒「不是學生有問題，而是我有問題」，思考「嚴師」的真諦。

在這之後，我又開始另一波實驗。

我決定當一個原則清晰但不隨便記學生過，把學生視為「白紙」的「嚴師」。學生犯錯時，我依然凶狠變臉，教導做人道理，但過單幾乎沒送出去，試圖以「高中生的自覺」喚起他們的良知良能，重新考驗我對「人性本善」的信仰。

不知道是這個方法奏效，還是我比較幸運，這個班既貼心又懂事，還品學兼優，我終於好像比較知道怎麼當老師，也知道怎麼當一個又嚴又溫暖的老師了。

那一屆，我很滿意學生，也很滿意自己。

但，**教育這條路不僅是學生的學習之路，也是老師的成長之路**。

來到下一個班，當我以同樣方法運用在這群孩子身上時，我的確看到類似的成果，正當我充滿信心之際，卻在一個休業式的下午，迎來「你是一個很爛的老師！你教書非常爛，帶班也非常爛，而且我們全班都這麼認為！」的批評。

那一天，是我教書的第十三年，我已經閱人無數，經驗豐富；那一天，我已經是兩個孩子的媽，但我從未因為有孩子就不認真教書，依然把學生排在孩子之前；那一天，我已經開始到處演講，被稱讚啟發很多學生，也充滿教育熱忱，全台走透透；那一天，我已經開始在網路上發表文章，那些教學故事與理念也深獲認同。

那一天，在那個走廊上，我感到錯愕與挫折。第一次完全否定自己，覺得自己太噁心、太丟臉、太爛，也太可悲了。我自以為帶著愛站在學生面前，學生就會感受到我的用心，但事實上並沒有，他們依然討厭你。教書這麼久，我以為自己已經明白怎麼教書了，但原來我的教育理念一點都不成功，原來這些都是自我感覺良好，原來我們班都覺得我是很爛很爛的老師，原來我這麼可笑、這麼白癡，還以為跟學生是好朋友。

「如果有一張『好老師畢業證書』，那我在退休的那一天，有可能領到嗎？」「我是一個爛老師嗎？」「怎樣才算是一個好老師？」「在每個事件發生的當下，我到底做得對不對？又該怎麼去看待呢？」「我的學生為什麼這樣對我？他們是怎麼想？我又該怎麼做？」「我該怎麼重新站上講台？我該相信誰？我到底哪裡做錯了？」

在遭受學生無情攻擊後，這些問題反覆迴繞在我的心中，也逼迫我放下老師高高在上的優越感，誠實且真摯地反省自己，面對問題。

這本書就是我重新回溯後的整理，其中有故事，有方法，但更多的是我站到學生角度後的發現。

教育不容易，尤其在現在這樣一個標榜勇於做自己的環境下，身為老師既要兼顧課業，又要兼顧品行，更是萬分不易。因此，我也期待藉由這本書，把教學現場的故事寫下，讓老師們有參考，在前行的路上不覺得孤單無助；讓學生們可以藉他人故事思考自己的盲點，跳脫無意義的迴圈；也期待家長藉由這本書更了解孩子的真實面，用更好的教養拉近孩子的心。

身為老師，我很惶恐，但責任重大，也很有意義。

不論這世界如何紛亂，我都相信所有的安排都是為了成就更好的我們，如同我所遭遇的一切一樣；我也相信沒有真正的壞人或冥頑不靈的孩子或家長，每個人需要的只是愛和自尊而已。

我不願說學生越來越難教，不願隨便給孩子貼標籤，我覺得這只是不同時代本來就有不同的考驗而已，身為師長，不是拿著過去的標準丈量孩子還差幾分幾吋，而是謙虛接納上天的安排，接受時代的趨勢，努力盡自己的使命，把每個星球都點亮！

憂鬱的孩子變多了、情緒障礙的孩子變多了、辛苦的大人也變多了，如果我們有力量，就去解開這些困住他們的枷鎖，把掉進黑洞的他們拉上來，這就是成為老師的意義，這也是每個人來到這世界的意義。

最後，衷心感謝您們購買我的書，謝謝我們的緣分，謝謝您們給我無限的支持與鼓勵，我經常想：

我只是勇敢寫下故事的人，只是眾多教師中的一個縮影，只是希望藉由書寫幫助更多迷惘的孩子，鼓舞更多受傷的老師與大人。我將繼續在摸索試錯中前進，更不敢說每個狀況都正確處理了，但我會繼續努力學習。

大家給予我的一切我都收到了，身為老師，我很幸福。

＊＊＊

每個成功學生背後，都有一個人生導師。

我是嘉嘉，我陪你更強！

（本書融合多人事例，不指涉特定人物，如有雷同，純屬巧合。）

目錄

chapter 1

讓我們重新找回教育的光：為什麼我們在這裡？

chapter 2

即使帶著愛站在學生面前，也是千瘡百孔：那些學生教會我的事

chapter 3

老師的自我修復力

chapter 1

讓我們重新找回教育的光：為什麼我們在這裡？

因為一件事，我站在這裡

「獨一無二」不是一句漂亮的口號，也不是拿來當作不努力的藉口，必須先不斷挑戰自己的惰性，用很多堅持、忍耐很多寂寞，才能成就。

真正能夠獨一無二的人，都必須靠持久的努力才能支撐。

我以前對於比賽很隨興，覺得學生怎樣表現都沒關係，大家開心就好，但後來我開始要求學生在比賽得名。

這中間的轉變完全不是因為我在乎這些名次，而是我發現：如果導師不在乎，學生就會不在乎；如果不在乎比賽，全班就會一起散漫。

那不是名次的問題，那是班風，是態度，而我是導師，我必須帶領大家認真面對，影響全班的風氣，所以，我學著在乎，開始要求。於是，我跟著學生在放學練習，跟著在球場上吶喊，每次比賽我都比學生還投入，我總是沙啞，總是傻傻在場邊流淚。

我好像很愛哭，帶班的三年總是哭個不停。

學生比賽贏了我哭，比賽輸了我也哭；學生考好了我哭，考差了我也哭。

我的眼淚不是因為他們的成就，而是因為我深深知道每個學生的家庭背景，深深知道他們的個性，深深知道今天的每一步是怎樣的過程。

我的眼淚，以及對學生的嚴格和在乎，其實來自於我的人生歷程……

＊＊＊

我從小不是個品學兼優的學生，求學歷程歷經兩次大起大落。

第一次因為小五、小六被編入體育班，導師幾乎都帶著球隊出去比賽，而我們這些不是球隊的孩子就成天在學校閒晃做雜事，那兩年我的功課沒有進度，一直到畢業都沒有意識到自己的退步。

那年暑假，爸爸費盡心思讓我進了全縣最嚴格的私立國中，班上另外五十九個同學都是來自於各校的前三名，但我始終沒有意識到自己與這些菁英的不同。國一剛進新環境，我一心只想當班長。

當時我非常認真當班長，成天忙著幫同學謄寫通訊錄，都沒在讀書，加上不懂人情世故，用嚴厲的方法帶領同學，結果兩周後，老師發下成績單，我考了倒數第三名，平均四十幾分。

同學們都是佼佼者，無法接受被一個脾氣差又功課爛的班長領導，於是開始有了罷免我的聲音。知道這個消息後的我既委屈又無法接受，在某堂自習課時，竟然跑到台上，對著全班同學說：「是誰說要罷免我的？」大家面對這突如其來的質問，都很無言。

沒想到，我不知下台，竟然又說：「我那麼認真幫你們謄寫通訊錄，你們為什麼要罷免我？」這時我看到很多同學偷偷看著窗外，那是一種「祈禱老師趕緊來解救大家」的表情。

但我依然不知下台，竟然指著大家期待的下屆班長說：「她到底哪裡比我好？我又哪裡比她差？」這下子，全班氣氛尷尬到了極點，大家都面面相覷。我在台上還是不肯下來，沉默許久之後，竟然要全班同學去樓下跑十圈操場。大家不知是迫於無奈，還是我當時真的太可怕，竟然也都下樓去跑、十、圈、操、場。

他們跑操場時，我委屈地趴在活動中心的柱子上大哭；但在他們跑完操場的那一刻，我就從「醞釀被罷免」到「直接罷免」，從「還有幾個朋友」到「完全沒朋友」。

被罷免又成績差，對當時才國一的我而言是相當大的困境。但也就在那一刻，我開始認真反省自己的待人處事，加上靠著數學「每一題蓋起來算三次」的精神，終於把不會的科目一科科補了起來。到了國二就從倒數第三名，進步到全班第三名，平均九十六分，成為班上的奇蹟。

所謂「個性決定命運」，國二的好成績沒有持續多久，我開始鬆懈浮躁，還背著爸媽偷偷談了場戀愛。心性不穩定的我又開始成績退步，被爸媽、老師知道後，更是受到多重打壓；到國三時，繁重與新舊交替的課業使我的成績像坐電梯忽高忽低，也變得非常在意成績，有一次，甚至在同學面前公然塗改答案，因此被記了一支大過。

種種失控使得我即使國三下已經意識到危機，卻欲振乏力；最終，在高中聯考時，慘遭落榜的結局。

那一年暑假，是我人生至今最痛苦的一個暑假。

爸爸的生氣、媽媽的眼淚與自己的懊悔，讓我終於明白：人生最痛苦的感覺就是「後悔」。因為，後悔代表機會一去不回，而你無計可施。

再一次跌落谷底的失敗也讓我體會：說下次還有機會是無效的安慰。人生重要的關鍵機會，其實只有幾個，一是國中考高中，二是高中考大學，三是人生第一份工作，四是未來結婚的對象。而今，我已失去了一個重要機會，接下來高中考大學，我絕對不要再失去機會，不要再讓自己後悔。

那年暑假我痛定思痛，為了杜絕誘惑，下定決心念女校，加上深怕自己又墮落，接下來的高中三年我過著極盡變態的生活。

當時我以獨立招生的方式考進了「北一女中附設進修補習學校」（簡稱北一補，這間學校已經停招），那年夏天，當其他高中女生穿著改過的膝上短裙，背著薄薄的書包，青春洋溢出門時；我穿的是3XL七分袖的襯衫、長及小腿肚的裙子，以及又背又提四袋書，每天從桃園轉三班公車上學。

我不相信自己光讀課本就能考高分，三年來每科至少買四本參考書輔助，不論平、假日，每天都帶著重重的後背包、爆開的書包，手提著兩大袋書上學。早上五、六點，我就跟著建中、北一女等前三志願的優秀同學們一起等車，北一女跟北一補制服的不同，在於她們的繡線是金黃色，象徵太陽，而北一補是白色，象徵月亮。一起等車的我，顯目的白色繡線與帶著一堆書的形象，彷彿不該與他們一同站在陽光下，那三年，我總是退居後排，格外自卑。

當北一女學生進教室時，我就進圖書館苦讀。我每天設定讀書計畫，絲毫不敢鬆懈，四本難度不同的參考書，我會在預習時寫完第一本、上完課寫第二本、小考寫第三本，段考前寫第四本。我反覆確認到「題目一出來，就知道某某老師這一題是抄參考書哪一本，或是這個考題在課本第幾頁右下角第幾行」的境界。

那時我每天熬夜又早起，總覺得睡覺是罪惡的，八點進圖書館讀到四點上課，九點放學再通勤回家後，常常是晚上十一點。我天天讀書到凌晨，常常讀到不知什麼時候眼睛閉上了，而每晚爸爸都會來叫我去睡覺，他總說：「小嘉，想睡就趕快去睡了，不要這麼累。」但我都會哭著說：「我不能睡覺，我書讀不完，我沒有時間了。」那真的是每晚哭，因為每一天的每一分鐘，我都清楚記得自己不想再後悔的感覺，不知道自己是不是真的會成功？

那三年，我把自己逼到極限！

印象最深刻是有次段考只考半天，第一天考完，我因為身體不舒服，只能回家休息，沒想到家人都捨不得叫我，第二天，一覺到天亮的我只好沒有準備就去考試。雖然平常累積的實力還是考了第二名，跟第一名只差兩分。但拿到成績單的那一刻，我卻無比自責，當天放學就找了一間男性理髮院走了進去，要求阿姨幫我用推子理了一個很醜很醜的男生頭。

回到家後，爸媽看到我的新髮型都很驚訝，他們問我發生什麼事了？而我則從書包拿出成績單，說出至今仍記憶猶新的話：「這次段考我因為第一天考完貪睡，才會輸第一名兩分，我理這個頭就是要讓自己從、今、以、後、的、每、一、天，照鏡子的時候，就會想到自己的貪睡，讓自己不敢再墮落了！」

記得我哭著說出這段話時，媽媽因為太明白我過的是怎樣痛苦而自律的生活，一下子眼淚就流了出來；爸爸則是不發一語，沉默地拍拍我；而我，也在這樣的心情下，繼續走在孤獨又寂寞的道路上，從此更不敢休息一分鐘。

那三年，我壓力爆表；那三年，我身體虛弱；那三年，我極度孤獨。所幸，皇天不負苦心人，三年後，我終於逆轉了自己的人生，從一個落榜的補校生，考上了心中的第一志願：臺大中文系。

＊＊＊

這段茫然挫折的過程，讓我相信人生的一切都是養分，都有意義；加上高中恩師的影響，讓我決定要成為一名老師！

求學歷程裡，我感覺到大部分前三志願的學生都在相對比較優渥的環境中成長，他們比其他學生提早知道自己的目標，也比較早學到有效的讀書方法，而有些老師們也以「願得天下英才而教之，以任教前三志願」為榮。

那時我想：前三志願學生已經相當幸福了，如果要當老師，我希望把自己苦讀的精神影響他們，我要站在需要我的孩子面前，讓每個和我一樣徬徨無助的孩子，覺得幸福、有希望！

於是，我毫不猶豫選擇當時不被重視的「高職」，作為我實現教育理想的地方；多年後，行有餘力之下，我也到各個學校與莘莘學子分享，希望能藉此鼓勵和我當年一樣徬徨孤獨的孩子們。

這就是我當老師的原因，也是我至今雖然累卻毫不後悔的選擇。

＊＊＊

因為歷經挫折終於逆轉人生，因此確信眼前的學生終有一天都會發光，可是如果我沒有讓他們改變惰性，沒有在該努力的時候督促他們向上，那些「終會發光、每個人都是獨一無二」的話，就會是廢話，只是一種毫不負責任、無用的安慰而已。

「獨一無二」不是一句漂亮的口號，也不是拿來當作不努力的藉口，必須先不斷挑戰自己的惰性，用很多堅持、忍耐很多寂寞，才能成就。真正能夠獨一無二的人，都必須靠持久的努力才能支撐。

因為明白高中是人生的關鍵階段，所以，我堅持站在講台上，堅持用最費力的方式當一個「嚴師」。

老師的愛是嚴格的要求，是不讓學生找藉口，帶他們反省向上；老師的愛是教學生先挑戰自己的惰性，才去挑戰世界。老師的愛是希望學生在最該努力的年紀裡不要愧對自己，即使我的嚴格招來他們的不解、挑戰、甚至傷害，但再問我一百次，我還是願意堅持每一分鐘影響學生的機會，堅持當一名嚴師！

老師是幫學生走向世界的橋梁，學生可以不擅長讀書，不喜歡讀書，可是不要在該努力的時候，浪費時間。

只要有方向，我會用盡全力讓學生成為他自己，可是，在他們還沒找到之前，我會盡我所能，拉著他們往前走，拉著他們在每一個環節中繼續努力！

這就是我站在講台的意義，是我耕耘每個字的初心，是我對學生最大的負責，我身為老師的真心！

常常，我想起那位老師

記得有次在低潮時寫信給老師，老師的回信至今印象深刻：
她要我學會「逃」的智慧，教我永遠要「勇敢逃」、「努力逃」。
她知道我總是為人著想，因此希望我不要總是犧牲自己、默默承受，
教我扛不住就逃，勇敢逃、努力逃，為自己留空間。

如果說每個人的人生都有關鍵的轉捩點，那我就是在高中階段；如果說每個人的人生都有影響重大的關鍵人物，那改變我人生的就是 邱琇環老師。

回想當初帶著無限悔恨進到北一女補校，為了三年後不再後悔，我開始逼迫自己的非常生活。那段時光裡，為了不讓父母擔憂，我總是報喜不報憂，苦讀的孤獨、壓力與痛苦，只有知己好友與老師了解；而親愛的老師開啟了我的視野，也成為最具溫暖與智慧的力量。

猶記得高一第一堂課國文課，老師穿著優雅的旗袍、戴著中國風項鍊與黑色邊框眼鏡，神采奕奕地走進教室。雖然老師的打扮與其他老師迥異，但我卻在幾分鐘的談話裡感受厚積的智慧，於是當老師徵詢是否有人有意願擔任小老師一職時，便毫不猶豫地舉手了。

這一當就是三年，而這三年對我與老師而言，都像是人生重要的過場。

老師是我遇過最認真的師長。她總是告訴我們，是如何利用清晨、家務與片刻的休息時間努力用功，她從未因為忙碌與安定就放下學習，也常與我們分享所讀所思所感。每當聽著老師說起牆上貼著古文，一邊煮飯、一邊背誦，還一邊處理家務的過程，總令我相當佩服。

老師也是我遇過最有內涵的師長。她的國文課引經據典卻不枯燥乏味，總是藉由文章引申處世之道，尤其對學生而言最無聊的《四書》，總能被老師教得切合生活又精彩生動，也常讓困頓的我豁然開朗。而中國文學裡的智慧與豁達，那些精鍊、讓人咀嚼再三的文字，也成了我以中文系為第一志願的原因。

高一的國文課總是最好的時光，我在老師的教學中逐漸將挫敗放下，心境也趨於成熟開朗。

一年時光匆匆而過，原以為老師會如常陪伴我們，沒想到在高二一開學時就接到老師生病請長假的消息。

猶記得高二的第一堂國文課，我到辦公室等不到老師，回教室時不由得擔憂詫異，不久後，教務主任便帶來老師請長假的消息，還念了一封她勉勵大家繼續用功的信。那時的我，一聽到這個消息哀傷失望不已，聽完信後更是趴在桌上哭了起來。那天特別漫長，心裡一直想著老師生病在家必定痛苦寂寞，很想為她做點什麼。於是，當天下課，便到郵局買了一百張明信片，開始每天寫一張明信片給老師的日子。雖然文筆不佳，也可能不太會安慰人，或者內容可能貧乏無聊，但想到只要如此，老師就可以每日在養病中有著盼望，也就覺得安慰了。

寫著寫著，終於把老師給盼回來了……

病癒的老師依舊認真。高一時她要求我們每日閱讀評點《古文觀止》，並時常利用寒暑假免費加課講解；而老師復出的第一堂課就是在大講堂把兩班學生聚在一起，為我們講《古文觀止》。當老師翻開課本時，我看到她將明信片當成了書籤，並說道：「生病時心情很鬱悶，除了讀書藉古人智慧養自己智慧外，就是等待每日下午郵差送來怡嘉的明信片。」她說到這時看著我，同學原不知我默默做了這些也都驚訝地看著我，而我已淚流滿面。

老師回來後，我更認真當小老師了。我總在教完一定段落後，就主動安排並完成考試，讓老師不必為了進度擔心；也常在老師未進教室前，就先請同學朗讀課文定心，讓老師能在最好的氣氛下上課。

高中生涯真是只能以「苦讀」來形容，那時總覺得睡覺是罪惡的，因此即便一整天已賣力了十幾個小時，卻還是在洗澡後繼續坐在書桌前熬到一兩點；也因長期通車、壓力與睡眠不足，使得高三的我幾乎都在生病，只要班上有同學感冒就一定被傳染，只要一傳染就一定要看至少三次醫生、吃完一堆藥才會好。

後來，老師看我身體很差，還親自帶我去看了兩三次中醫。跟老師搭車、看醫生、領藥，雖不知如何表達卻滿懷感激，在診所裡等待領藥的過程至今仍記憶猶新。

高中三年，像是在茫茫大海中，攀得一根浮木才不致滅頂，因為有老師的守護才不致被升學的壓力所擊倒；老師總勉勵我們「用志不分，乃凝於神」、「當知識的神偷」、「要志向高遠：『雖不能至，心嚮往之』，才能突破格局」，那些智慧常被我抄在課本裡，成為勵志標語；也因老師的身教與愛，讓我在那時立志要成為同她一般的經師、人師，而我的筆跡、文章寫作也都在她的用心指導下，進步許多。

高中是至今最懷念的時光，那種專注又孤獨的況味將我歷練成一個意志強大的人，而那些一個人等車，計算著還有多少書沒讀完的著急、對未來的茫然和難過，也成了日後當老師最棒的經歷。

畢業後與老師的互動脫離了課本，走進了生活；雖然無法每日親炙於老師的教誨，但老師始終是我的心靈導師。記得那時還常以書信聯絡，那些無法對他人或父母說出的心情，都在寫給老師的信裡流著淚傾盡了，而每當收到老師的回信，總是在看到亦秀亦豪的筆跡時感到溫暖非常。

記得有次在低潮時寫信給老師，忘了自己當時在煩惱什麼，但老師的回信至今印象深刻：她要我學會「逃」的智慧，教我永遠要「勇敢逃」、「努力逃」。她知道我總是為人著想，知道我的乖巧懂事與善盡本分，因此，她希望我不要總是犧牲自己、默默承受，教我扛不住就逃，勇敢逃、努力逃，為自己留空間。看完信的當下大哭不已，覺得是怎樣深切的理解才能寫出這樣的話，也非常感謝老師能以長輩的身分解開我無形的枷鎖。那時看完信立刻打電話給老師，電話兩頭的我們都哭了。

＊＊＊

「人生不相見，動如參與商。今夕是何夕，共此燈燭光？少壯能幾時，鬢髮各已蒼。訪舊半為鬼，驚呼熱中腸。」沒想到前幾日忽然憶起的詩句，竟成了這幾日的註解。

乍聞老師過世的消息悲痛非常，沒有遺憾的是：畢業至今仍與老師保持聯絡，深感遺憾的是：自此失去了人生重要的燈塔。但相信老師已成了善良熱情的天使，在天上繼續散播智慧與愛，而我會永遠將老師視為最重要的恩人，繼續不負教導，讓老師以我為榮，如同我每次說的一樣。

謹以此文獻給我最親愛的恩師，如同我第二位母親的　邱琇環老師。我永遠愛您、懷念您。

大人的一個決定，是小孩的天堂或地獄

我第一次體驗到背叛的感覺，
打擊了自己的自信，更打擊了對人的信任。
現在，我成為老師，也是大人了。
如果要做一個重大決定，
我會事先提醒對方，明確讓對方知道還有幾次機會，
我不會突然就下生殺大權，用絕對權力要求對方只能接受。

「你們為什麼在這裡？你們在這裡做什麼？」

至今，我仍忘不了那一天，我所看見的一切！

＊＊＊

國小五年級是我最風光的時候，因為個子高，比一般同學提前在四年級就進入樂隊的我，到了五年級也破例成為最年輕的指揮。高高的個子，每天定期出現在司令台上，在小小的校園裡，算是風雲人物。

每到運動會前夕，我們學校的樂隊就會轉型變成鼓隊，每天早上與放學，都會固定練習，當整齊的鼓聲劃破天際，響亮的節奏響起時，總會吸引全校同學在操場圍觀。身為鼓隊指揮，我拿著長長的指揮棒，吹著哨子，站在隊伍的最前面，當「嗶～～撥～～嗶」的長短音一結束，鼓聲瞬間響起，全體隊員便在我的指揮下器宇軒昂前進。

從操場的這一頭走到另一頭，距離不長，卻變化豐富。司令台前，我會再次變換哨音，全體隊員轉換鼓聲，向台上長官敬禮；走到操場尾端，指揮棒往後一揮，全體隊員同時變化鼓聲與隊形，成為花式交叉，整齊又壯觀！

即使每天同樣的內容不斷重複，大家卻百看不厭，每到練習時刻，四周圍觀的小朋友與熱鬧的掌聲，從沒停過。

國小五年級因為被編到體育班，老師成天帶著校隊練習、比賽，我們這群不是校隊的同學，也就過著很鬆散的生活；那時，沒人留意到上課跟成績的事，對我而言，鼓隊與運動會的正式表演，就是生活的重心。我每天都會把指揮棒帶回家練習，雖然長長的指揮棒攜帶不便，又因裡面放著的鈴鐺有些吵雜，但指揮棒就是我的自信所在，成為鼓隊指揮就是最快樂的事！

有一天傍晚，那是運動會前一天的周五放學時間，我和同學留下來準備明天的海報。當我們在教室開心畫著海報時，卻突然聽到操場傳來指揮棒的聲音，起初，我以為是聽錯了，指揮棒明明在我身邊，怎麼會有哨音跟指揮棒的聲音呢？但是跑到走廊一看，竟然發現指導老師正在教一個隊員指揮的手勢，老師很有耐心一個步驟一個步驟教她，她做得很熟練，也指揮得很好，看起來他們練習了很久很久了。那一刻，我震驚到不知如何是好！

我直覺地跑到他們身邊，哭著問老師說：「你們在這裡做什麼？」

老師突然見到我也嚇了一大跳（平常放學，我都趕著回家幫忙工廠），他很為難地說：「你的指揮動作一直不標準，我跟你說了很多次，可是你都沒有改進，所以我私下就想讓×××來試試看，她做得很不錯。」

老師說的這些話沒有錯，我想起老師的確有跟我說過有些動作不夠標準的事，但我不知道自己有糟到要讓老師私下訓練別人。如果知道老師有這樣的想法，我一定會更努力練習，讓動作百分百到位。

只是，我心裡想到的這些話都無法說出口，慌張難堪的我大哭著跑開了，覺得丟臉又難過，我越跑越快，老師在後頭追不上我，便趕緊回頭騎摩托車，我一路跑到校園外，老師才終於追上我，他抓住哭得難堪又狼狽的我說：「對不起，我本來想告訴你，可是又不知道怎麼跟你說，但既然你知道了也好……」

老師後來說的話我已聽不清楚，那時的我覺得自己是個失敗者，看著老師年紀大又牽著車，也不知該回應什麼，只能說：「好，我知道了。」

回到家，我哭得肝腸寸斷。

一直以來，我都活在自己的驕傲裡，我懊悔竟沒有把老師的糾正認真改進，最後換來這個結局。爸媽總是用善解教我不與人爭，他們安慰我，要我感謝老師終究給我機會，要我體諒老師的難處，接受這個結局。

第二天，就是運動會。去學校的路上我非常忐忑失落，也不知該怎麼面對老師和同學。

一下子就到了鼓隊集合時間，老師可能想說我畢竟都知道了，另一個指揮也的確比較好，就直接要我跟另一個指揮交換位置，我在隊員的注目下尷尬地把指揮棒交給她，背起小鼓站在左邊第一排第一個位置，也是全校同學都清楚可見的位置。

隊員們對這突如其來的安排都感到錯愕，礙於時間短暫，老師只匆匆交代：「陳怡嘉同學的動作一直有些問題，老師跟她說很多次了，但她沒有明顯改進；所以老師另外也指導×××，今天就換×××上場，怡嘉也同意了。」

我不知道老師竟然會在今天就直接把我換掉，驚訝得說不出話來，待會就要進場，我深怕自己哭出來，只能尷尬點頭。

匆忙的幾分鐘內，升旗典禮開始，鼓隊又在大家面前出場，當我們站定位時，我聽到全校的譁然聲，接下來的窸窸窣窣與指來的手勢，我知道應該是在討論今天指揮變成鼓手的事，我在全校的注目和竊竊私語中艱難前進著，含著淚水走完彷彿沒有盡頭的路。

表演一結束，大家得趕緊回到班上，繼續接下來的活動。

這件事，就這樣結束了。

老師如天高，老師的理由沒有錯，都是我的錯。隊友們只能拍拍我的肩膀，要我別難過；父母教我看其他面向，說老師讓我四年級就進樂隊，其實對我很好了；小小的我因為覺得是自己不夠好，才被換掉，在發現的那一天大哭之後，也從不敢跟老師抗議，默默承受著委屈和失落。老師或許看我「適應得很好」，也沒再多說什麼。

＊＊＊

但，這件事卻從那一刻起，深深傷害了我。

老師的粗糙作法讓我第一次體驗到背叛的感覺，打擊了自己的自信，更打擊了對人的信任。雖然後來的人生，我非常努力過好了，也願意繼續給別人信任和愛，但到了心的最底層，要面對最愛的人時，就有深深的不安全感。

我還是能夠給愛，但害怕背叛，對於別人的離開不會吵鬧反擊，而是先把自己變得獨立勇敢，築好最堅強的堡壘，做好最壞的準備，讓自己隨時能夠不帶眼淚、不糾結地離開。但人生的過程裡，我仍不免遭遇背叛，背叛的新痕與舊傷糾纏在一起令我痛苦萬分，我在心裡聲嘶力竭，學著勇敢放下，但卻永遠在不經意的時候又被回憶所傷。

我不斷學著跟這件事和解，不斷跟那個小女孩的我對話：「我想老師也是第一次處理這樣的情況，他沒有經驗，所以做得不好。」我想著老師其他的好，還是感謝他。我早已不怪他了，或許他也不在人世了，但我不知道「我內在的不安全感」，以及「我隨時準備要走，質疑對方不夠愛我，或覺得自己不值得被愛」，是不是跟這件事有關？

現在，我成為老師，也是大人了。如果要做一個重大決定，我會事先提醒對方，明確讓對方知道還有幾次機會，是不是快到底線了？我不會突然就下生殺大權，用絕對權力要求對方只能接受。在每個決定後，也會寫小紙條或找對方談談，讓他了解我希望他學會的事情，以及我的心意。

大人的一個決定，是小孩的天堂或地獄。

當我們成為大人的時候，要格外小心保護每一個小而脆弱的心。

chapter 2

即使帶著愛站在學生面前，也是千瘡百孔：那些學生教會我的事

他是我最肯定的班長，
他卻說我是最爛的老師

班長的話絕對不是一時情緒，應該之前就有徵兆，
只是我忽視了，而那些徵兆在哪裡？
班長和其他學生對我的批評，到底原因又是什麼？
最後一個學期了，我應該以大考為重？
還是應該好好說清楚、講明白，帶著學生一同面對？

教學的現場是什麼：是老師花費許多心力去引導行為偏差的孩子，因為，那些孩子太需要我們的費力拉拔，而其他乖巧懂事的相對讓我們放心。

那些令人放心的孩子因為他們的自律，讓我們覺得不需要嚴厲指正，只要輕輕提點，他們就回到正軌；也因為他們表現得令人放心又高自尊的樣子，所以我們寬容，我們輕聲規勸，我們給予更多讚美和肯定來繼續正向增強！

這樣的作法有錯嗎？沒有錯！

但卻危險！

＊＊＊

乍聽班上有復學生，老師們的直覺反應都是行為偏差，是那些因為請假太多、功課跟不上或因其他錯誤行為而導致暫時休學的孩子。

我因為期許自己「永遠把學生視為一張白紙」，所以，向來對復學生不多加研究，面對前任老師的傳承，多是感謝地禮貌聆聽，但內心不斷提醒自己

「不要有先入為主的偏見，給這個孩子重新開始的機會」。

班長來到我們班之前，我也是同樣態度，沒有研究，也恰好經歷暑假沒人告訴我。於是，心中僅僅抱持著「他可能是有需要我協助調整的孩子」，剩下的就順其自然。

開學第一天，班長站在我面前，他非常謙和有禮又成熟，像個大人拜訪客戶那樣，直接伸出手來對我說：「陳老師您好，我是這學期來到您班上的復學生。」

「喔！你好。」正在改作業的我，對這樣的舉動嚇了一跳，連忙站了起來，也跟他握手。

「老師您一定以為我是因為行為偏差才休學吧？但事實上不是的。在休學前，我就是班上的班長，我是因為讀了一年，確定自己喜歡這一科，所以特別想要前往這個產業最發達的美國去實習看看，加上剛好有親戚可以照應，才選擇休學的。」

「不錯唷！你的想法跟一般學生很不一樣，這年頭可以這樣做決定跟鼓起勇氣去行動的學生不多了，你真的非常特別。」我一邊說，一邊想著：「真是太酷了，我向來欣賞別人的行動和腦袋，教書這麼多年，終於遇見了這樣的孩子。」

「其實不只這樣。我在國外待了一年確定志向後，就決定回來繼續學業，但又覺得既然接下來就是鑽研這個產業，不如先把兵當完，這樣人生就不會中斷。所以，我也已經服完兵役了！」

「你的思考真的很不一樣，非常有遠見，當過兵也太酷了！所以，你比班上同學大兩歲是嗎？」

「是的。」

「太好了！我相信你的見解和成熟一定可以帶領同學更進步，既然你離開學校前就是班長，現在具備不同視野，又比他們大兩歲，我想你可以繼續擔任班長這個要職，你覺得ＯＫ嗎？」

「沒問題！剛來班上就可以當班長嗎？」我微笑點點頭。

「謝謝老師肯定，我會好好努力的。」

短短十分鐘的談話，班長就展現令人放心且安心的態度；我立刻卸下嚴師的防衛，像朋友般與他聊了一下。心想：讓復學生最快融入班上的方法，就是「讓他們擔任幹部」，加上班長既成熟又穩重，這個決定應該是不會錯的。

正當我要帶班長一起去班上時，他卻突然說：「老師，其實我有件事想跟您說。」

「好啊，你說。」

「其實我本來是預期要去隔壁班的，不瞞您說，我比較希望讓男老師來帶領我，但隔壁班人數太多，所以最後學校就安排我來到您的班。」

突如其來的直白又是從未有過的狀況，我雖有點驚訝但不委屈也不討好，回道：「我猜你應該有點失望，不過，生命自有安排，你原本預期的模式未必是最好的，男老師有男老師的帶法，女老師有女老師的思考，或許，換個方式會有不同收穫，像是生命的驚喜。我想就當是我們的緣分，我相信以你的認真自覺，不論是哪個導師都會有成長的。當然，如果我有不如你預期的地方，也歡迎你告訴我。一起加油吧！」

「好的，老師。」

到了班上，與同學介紹班長後，一切都非常順利。

＊＊＊

這個班是我費最多力氣的班，他們原本毫無讀書習慣與風氣，也個性鬆散，需要嚴格緊盯，但現在高三了，不僅大家都能自主學習，成績名列前茅，行為上也逐漸沒有讓我特別煩惱的地方。

我因他們的自律給予更多寬容，幾乎不需嚴厲，就是用我的真性情像朋友般的相處對待。

班長原本就是極有領導魅力的人，加上與眾不同的見識、比同儕大兩歲的學長感，以及重要的職位，很快就成為意見領袖和行為指標。

高三課業繁重，我每天趕課、關心學生的學習狀況，也不時找班長和其他幹部了解班務，只覺得同學們都很聽班長的話，班風團結，絲毫不覺有何不妥。我讚賞班長的領導有方，每次都給予無限肯定，也因此對於班長提出的各種建議，多是採「接受」跟「以他為主」的作法。

這是個自律且自動的班，幹部負責，學生配合，成績優異，行為沒有需要擔憂之處，也頗受其他老師肯定。我自認帶這個班到第三年已經達成我的目標，也符合我的期待與理想。

直到，那一天……

＊＊＊

那天是休業式，在看全班打掃時，班長跟我說：「等等休業式結束，老師您有事嗎？」

「沒事，怎麼了？有事要告訴我嗎？」

「是的，想佔用老師一點時間。」

「沒問題啊！是你個人的事，還是班上的事。如果是班上的事，我們現在就可以討論，直說無妨。」

「是班上的事，但我想私下跟您討論比較好。」

和他約定好後，我立刻回溯了一下：班上整學期的狀況都讓人放心，最近班務也沒有什麼問題。我心想：班長真是懂事負責，在期末最後一天還多了這些討論，果然不同一般。我抱著輕鬆的心情，跟班長走到了辦公室外的走廊。

「好了，你可以說了。有什麼事要告訴我嗎？」我認真看著班長。

班長沉默了幾秒後，說道：「你知道你是一個非常非常爛的老師嗎？」

毫無預期的答案，突如其來的嚴厲批判，讓我在聽到這句話的當下，幾乎站不住腳。那短暫的幾秒鐘之間，我看著辦公室內開心收拾桌面，準備放寒假的同事們，心裡覺得自己現在真是情何以堪，也頓時不知所措。

但我鎮定住震驚和想哭的情緒，試圖釐清問題：「你為什麼覺得我是非常爛的老師，是覺得帶班爛？還是教書爛？」

「兩個都很爛！」

班長的態度嚴肅，他的話就像箭一樣刺進我的心。

教書十幾年，就算不是最優秀的老師，也絕對算是認真用心的老師；我雖然不可能被全部學生喜歡，但也不至於被批評是「非常非常爛的老師」。

想到這些，此刻，我的心又更痛了，但還是忍住悲傷，追根究柢想了解一切：「是你這樣覺得？還是大家都這麼覺得？」

「這不是我個人想法，是我們全班的意見！我、們、全、班、都、覺、得、你、是、一、個、很、爛、的、老、師。」班長面無表情一字一字吐出，態度堅定強硬，彷彿他只是一個代言人，他代表全班，代表大家一致的心聲。

「砰！」一聲，像是一槍射進我的心臟，此刻，我幾乎已經無法站立。

遠處還有幾個班上學生等著和我說話，但班長說「全班都這樣覺得」的這一刻，我看著那幾個最熟悉的孩子，卻不知道該相信誰？我想著全班的臉孔，一種被拋棄的不信任感，和被全班默默排擠的感覺席捲而來，讓我想吐。

我最信任的班長，我不斷鼓勵肯定的班長，此刻這樣告訴我，我覺得自己已經徹底失去帶班的信心和對學生的信任，我再也忍耐不住，哽咽地問道：「還有什麼要跟我說的嗎？」

班長冷靜平穩地說：「沒有了，希望你不要太傷心，我只是代大家表達班上的意見，我們沒有惡意。」

「好，謝謝你告訴我。」

我用僅剩的堅強和溫柔向他道謝，此刻，那些武裝嚴格完全派不上用場，我只是一個被學生傷得體無完膚、一無是處又自以為是的老師。

我拿起手機撥了電話給先生，哭著說：「剛剛發生了一件事，我們班班長跟我說『你是一個很爛很爛的老師，帶班爛，教書也很爛』，還說『全班都這樣覺得』。我對他們這麼好，每天陪他們讀書晚自習，努力教他們，但他們卻這樣說。我覺得我好像白癡，現在好難過，沒辦法在台北待著，我現在連站在這裡都覺得好悲傷，我想離開這裡，我好想回娘家。」

我眼淚狂流，無法相信自己付出這麼多，竟然得到這樣的評價，覺得自己又失敗又可悲，也不敢告訴同事剛剛遭遇的事。匆匆進辦公室隨便收拾後，便飛奔離開學校，一路哭著開車回桃園娘家。

＊＊＊

之後的那段時間，我對學生產生強烈的不安全感，帶一個班好不容易建立的信任，此刻再度瓦解。

以前我欣賞班上的團結，現在我不知道他們的團結是不是用來排擠我？以前我對自己的管教很有信心，現在則不敢多管他們，深怕他們反撲。我每天不斷回想過去帶他們的點點滴滴，強烈懷疑自己的作法和教法。

每晚回到家，我都抱著孩子無法抑制地哭，孩子軟軟的身體是最有安全感的安慰，孩子的貼心可愛，也讓我不斷問自己：「不陪孩子，去陪學生，最後得到這個結果，值得嗎？」

我本來就是報喜不報憂的人，依然不敢跟同事說我的遭遇，一方面覺得這些事反覆說很麻煩，二方面是我對整個環境都有不信任感。

這樣的日子不知過了多久，直到有一天，我哭到受不了，終於鼓起勇氣打給最好的閨密，她也是老師，也同樣在教育的環境裡不斷懷疑自己。

電話接通了，還沒說話淚水就不聽使喚：「我跟你說，我每次都鼓勵你，說只要你願意努力，學生都是善良的，他們都懂，還會珍惜老師的。可是我錯了，我是失敗的老師，我學生說我是很爛很爛的老師，我現在好痛苦，每天進到班上都強顏歡笑，可是我快教不下去了。」我把這些日子來發生的事全都說給她聽，再怎麼堅強，我的心也是肉做的……

閨密給我好多安慰，一個老師的脆弱無助，一個老師給出愛後的情何以堪，身為老師的伙伴們完全能懂。

那通電話終於把我的委屈一洩而盡，掛上電話後，我想：不能再這樣下去，我得面對問題，班長和其他學生還在班上，我還是導師，還要帶他們半年，我必須解決！

＊＊＊

面對痛苦最好的方式是直面痛苦，接受、追根究柢解決，然後放下。

生活與教書上的挫折從來沒少過，但我最欣賞自己的勇敢和直接，我不會假裝沒事，不會一副大人都是鐵金剛的模樣。一直以來，我都會分享遭遇的困境、脆弱及思考。當班上有問題時，也一定攤開來說，因為我們就像一家人、像一個公司，我們必須了解彼此的狀況，才有辦法同心前進。

我先找了幾個比較親近的學生，告訴他們那天休業式發生的事。我問道：「班長說『全班都覺得你是很爛很爛的老師』，大家是不是真的都這麼想？」

「老師，班上的確有幾個同學不喜歡你的管教方式，他們也會直接在班上討論，對你的一些作法很有意見，但我們其他人並不這樣想。你是很好的老師，班長講話就是很直接、很決斷，有些學生就是不會反省，可是你不要因為那幾個人就否定自己。那些不喜歡你的人，不要管他們就好了，我們多數人都是很肯定你的。」

學生的話像是醍醐灌頂，提醒我一個孩子們很容易出現的狀況，那就是：當他們覺得自己的立場不夠有力時，就會用「全班都這樣覺得」來加強自己的論點；但事實上，這樣的說法是要打折扣的。

他們的話也讓我留意：的確不是全班都不喜歡我！

當我一聽到班長的說法時，因為失去信任，就全盤否定，但是冷靜下來回溯跟學生們的互動，還是可以辨別學生對老師是否支持。

私下個別了解後，心裡的痛苦減少很多，也能夠平靜檢視自己的作法到底有沒有問題？

班長的話絕對不是一時情緒，應該之前就有徵兆，只是我忽視了這些徵兆，而那些徵兆在哪裡？班長和其他學生對我的批評，到底原因又是什麼？我有辦法解開彼此的心結嗎？最後一個學期了，我應該以大考為重，不要跟學生計較，裝大方裝沒事，和班長及全班和平相處，繼續趕大考進度？還是應該把這些狀況好好說清楚、講明白，即使全班很尷尬，不一定能理解我，但還是要帶著學生一同面對？

想了一段時間後，我決定勇敢面對。

大考雖然重要，但一個人的態度更重要。

我的學生可以拿到全國榜首，但如果他們是這樣的態度和人格，那一點也不值得開心。教人比教書更重要，身為老師最有意義的事，是導正一個人錯誤的思想和行為。

我細細推究，發現在事情發生以前，班長或其他學生就曾經在課堂上，用很直接又半開玩笑的方式質疑我的教學，例如：當我們檢討考題時，他們曾（以半開玩笑做掩飾）大聲拍桌子說：「你可以告訴我讀國文是要幹嘛嗎？讀了又不會考？你叫我們讀的這些都沒用！」或者，在規定班規時，會用聲音、表情或竊竊私語表達反對的意見。有時，他們對我講話也是很直接、不禮貌的。

原本，我面對學生不禮貌的當下，都會以冷靜、嚴肅又認真的態度糾正，告訴他們：「我是老師，你是學生，你應該要有基本尊重，你這樣的講話方式或態度不對，你應該道歉。」

但在那些時刻，因為對這群學生習慣性的鼓勵和肯定，讓我忽略或輕鬆帶過了他們的逾越分際（或試探）。最終，加上我給了班長夠多（或過多）的讚美和肯定，及「同儕肯定同儕」一定比老師多的效應，也讓他自我膨脹，覺得自己見識不同，就把自己的話語權凌駕於老師之上，導致了最後的結果。

＊
＊
＊

反思問題後，心裡篤定許多。於是，我把班長找來，告訴他：「一個老師的教學或領導風格不被學生肯定，這是正常的，但我是很有誠意的老師，我不想只告訴自己說『這是正常的』就忽視而過，我想知道『你們覺得爛的原因是什麼』？」

「我覺得你的處理方式太溫和了，不像其他男老師，他們比較有魄力，在我們犯錯時就嚴格修理人，不管是打罵還是記過，都讓我們在當下就得到狠狠的教訓，以後就不敢了。可是，在我們班，學生犯錯你都不記過，你只是溫和勸說，我們都看不下去，覺得你太軟弱了。」

「你覺得到你們這年紀，還需要人家用打罵教你們才會乖嗎？我當然可以凶狠，可以記過，甚至知道你們怕男老師，去告狀要他們修理你們也可以。但我不這麼做，不是因為軟弱，是因為我期待用『大人』的方式帶領你們自尊自愛，我將你們視為『白紙』，所以不希望用任何負面方式定義你們。我覺得教育最終是要讓孩子『真心乖』才是真的乖，如果一個學生得靠外在壓力才變乖，那當他離開這些約束的時候，他就墮落了。這樣的教育，我不覺得是成功的教育，我也做不來。」

班長沉默不語。

這一刻，我才了解他一開始告訴我「期待男老師帶領他」的意思是什麼，也明白因為他沒有在一年級就跟著我，所以對我的帶班理念並不完全了解，而是用他在外面實習、軍中生活或個人喜好作為審視我的標準。

當我理解他的想法和背景後，對那些指責也釋懷了。

但他的態度跟說話方式是不對的，我給他過多的讚美造成他的自負，接下來我必須收回肯定，讓他回到正確的態度上。

「你那天告訴我的話，其實非常殘忍，你知道嗎？」

班長依然沉默。

「直接用最狠的話讓對方一箭穿心，這當然是你的自由。可是，我覺得如果你自詡未來是一個人才，甚至是領袖的話，你更應該留意自己的發言，不該用這麼決斷的方式說話。當時，我聽你說完，痛苦得連在台北都待不下去，有一段時間，我完全不信任任何人，每天晚上都莫名地哭，早上則要裝沒事繼續上課。幸好，我走過來了，還可以跟你很平靜討論這件事，解開彼此的結；但很多人可能當時正在最差的情況中，又遇到這種突如其來的指控，就承受不住了。所以，我必須跟你說，你的說話方式太驕傲、太自我、太絕對，也太傷人了！」

「對不起，我道歉。」

「我是你的老師，可以承受你的犯錯，也有責任把你教好。接下來，我更想談的是，希望你想一想：『你是基於什麼背景，講出這樣的話呢？』我相信，那些話你是絕對不敢去跟你認同的那些男老師講的；今天，你敢直接對我講這樣的話，只有三個原因：第一是我給你太多讚美，讓班上以你為重，讓你自我感覺良好，所以你把自己放大了。第二是你覺得我對你們很溫和，就算這樣講也沒有關係，所以你欺負善良溫和的老師。第三是你覺得自己見多識廣，與眾不同，可以把自己的言論放大。當然，我說的只是我的觀察，希望你不要生氣，重點不在指責對錯，我更想做的是『帶你看到自己的盲點』。以上這三點，你同意嗎？」

「是，我認同，的確是這樣的。」

「如果是這樣，那這就是我們溝通的核心。謝謝你的道歉，這對我來說很重要，我覺得這是一種儀式感，算是這件事的了結；但更重要的是，我希望調整你的態度。你的確很不一樣，尤其在高職體系中，憑良心說，是少有，甚至是我目前所見的唯一。可是，這世界人才這麼多，跟你同樣思考跟見識，甚至比你做得更好、更突出的人所在多有；你很年輕就可以做到這些，我相信你的未來必定更加不同，但如果你這麼年輕就已經這麼狂妄自大，那從現在開始，你也將同步因為這些優秀毀了自己。老師給你肯定，或任何人給我們肯定，我們可以開心，但更應該謹慎謙虛，不然，最終會因為這些讚美而看不清自己。

這是我在整件事情中，最想教你的思考。」

「謝謝老師教我這些，我懂了。」

「那我們就算和好了。我還是會虛心接受你的意見，但下次請溫和、具體且不浮誇地說（笑）。還有，我下學期不會讓你當幹部（在發生事件前，我原本預計讓他連任班長），我事情過了就忘了，沒有要跟你計較的意思，但我想『冷靜反思自己』是必要的過程，也是我給你教育的一環，希望你理解。」

「好，謝謝老師考慮周到。」

「另外，我一向有話直說，現在全班大概都知道這件事，所以，最後我會在班上把來龍去脈，跟我們彼此的想法都說清楚，也當機會教育。」

「沒問題。」

＊＊＊

於是，我帶著全班一同處理了這件事。既說明我的感受，也重申了教學理念，班長也跟同學說明他的看法與需要調整的地方。

故事的最後，我們和解了。

而我在這事件學到最重要的一課，恰恰是和我們的信念相反的，那就是：

● 留意那些乖巧的學生，留意你給他們過多的讚美和肯定，留意孩子們過度膨脹後的自以為是。

● 我們都小心防範行為偏差孩子可能造成的錯誤，卻忽略乖巧的孩子有時反而帶來更大的反撲。

● **教育就是愛與原則的平衡，不論是讚美或批評都該有度。教育就是勇敢面對、解決、放下，然後繼續往前走！**

至今，班長還是我最優秀的學生，他依然是我教過最有想法和實踐力的孩子。寫下這篇文章的現在，我都依然深怕在說出這故事的過程中，帶給他困擾和傷害。

但我相信：此刻我們都已更成熟，了解這是我們人生中的一段歷程，它極具意義，也讓我們都學到許多。

可不可以，好好說話？

每個人的心都是珍貴的，每個人的真摯都是值得被好好對待的，
遇到耗損的對象，只要轉身，就能遇到一堆更珍惜你的人。
只是，我們的緣分，可能因為幾句話就錯過了。
證明我們之間的距離的方式，不是肆無忌憚，而是同理的尊重！

「老師你的字也太醜了吧，你的字我們看不懂啦！」俊皓大聲又有點不耐煩說道。

「好，我重寫。老師因為上課要趕進度，字會寫比較快，有時可能也比較草，要我再寫都沒關係，只要看不懂就跟我說！」於是，我擦掉又重寫了一次，這次筆畫很仔細、很慢、很工整。

「還是看不懂啦，這什麼字嘛！當老師還不會寫字喔……」俊皓態度依舊，其他同學都跟著笑了起來。

「怎麼會看不懂？跟我說哪個字不懂。」我按捺住疑惑跟不舒服的感覺，認真看了黑板上的字。

「算了啦！反正就是看不懂！」俊皓充滿不耐，他的口氣不像是開玩笑，而像是對老師表現的不滿。

我無言以對，也不知該怎麼面對。明明其他班學生都說我的字很漂亮，可現在這一班學生卻說很醜看不懂，認識他們以來已經多次遇到這樣的批評，每次都虛心改進，甚至寫板書都刻意調整，卻無濟於事，此刻我只覺得委屈。

＊＊＊

這兩天，上課都在哭。

起因是學生講話太直接，很久很久了。

有時是一點都不好笑的傷人玩笑，以及不論多熱情，總是提不起勁的問答。一次次，我都在酸冷的回應中，覺得很失落！

可惜，同學的反應常常是跟著笑鬧，一個班裡即使還有其他學生是懂事溫柔的，也都在這樣強大的氣氛中，被掩蓋了。

這樣的一個班，每每要進教室前，我都帶著害怕。

那一天，我依然熱情給予，上課開始看他們精神不好，便先關心說：「大家周末過得如何？」沒想到有人直接潑冷水：「啊周末過怎樣關你屁事喔～」接著便是全班哄堂大笑。

類似的態度再次襲來，看著全班不以為意的笑鬧，讓我忍不住哽咽問道：「你們這樣很多次了！為什麼要這樣說話？」

外面正是傾盆大雨，眼前的這群孩子不論分享什麼，總是給出最無言的回應，看著大雨不停落下，格外覺得寒冷。

想著自己「為什麼總要以炙熱的心，去貼近這群根本不懂我的冰塊？」也想著「算了，學生不懂事，不要跟他們計較，不要被他們打敗，好好教就好了。」

但各種轉念的方法，都失敗了！

身為老師，面對不禮貌的學生，以前會直接凶回去糾正：「你這什麼態度！你以為你在跟誰說話?!」

現在卻為了上課氣氛，不願破壞情緒，也沒時間打亂進度，始終包容忍著。心中也不免想著：「他們是不是很討厭我，所以這麼說話？」

倘若真是討厭我，那我從不追求喜歡，更不可能勉強討好，投緣則聚，無緣則散，盡我所能也順其自然。但，打開臉書貼文，按讚最多的，是他們，會主動提及我最近寫了什麼的，也是他們；從私下互動裡，可以感受到他們是喜歡我的，至少是沒有惡意的。

這群學生的私下行為和眼前表現，像是人格分裂，他們的話為什麼句句讓我如此難過？

眼前的狀況讓我非常挫折，不想再有更多對話；然而，也遇過貼心的學生摺了一整罐小星星，要我每次難過時，就可以打開一顆來看，星星裡的文字密密麻麻，總是讓我感到溫暖。

眼前的學生覺得跟你熟，所以講什麼都沒關係，「嗆」也是一種愛與親近；但，也有更多學生是好好說謝謝，好好表達與你的意見不同，好好珍惜彼此相處的時光。

對照兩種不同學生，我不斷思考「他們負面表達的原因是什麼」？是他們不對，還是我太古板、太玻璃心？我應該跟他們嗆來嗆去，代表我們的好關係？還是應該好好教他們，讓他們知對錯？

是以前得到的愛不夠，用一種反向力，希望證明「即使這樣，你依然愛我」？是對自己的自信不足，說些酸冷的話，假裝不在乎，就可以不受傷？還是根本就是不懂禮貌，以為這樣的直接就意味「做自己」？因為不懂人際分寸，以為怎樣都沒關係？

即使帶著刺的孩子，我還是願意去擁抱他；即使是座冰山，我也願意一層層探究，看看最底下的原因是什麼？只是，老師也是人，也會受傷到無法忍耐。

會難過的人是因為在乎，因為愛；會離開的人也是因為不想再難過，不想再愛。

沒有人必須照單全收，還笑笑說沒關係！

如果「做自己」只是讓人肆無忌憚的理由，只是打著這樣的口號，不管別人的感受死活！那我真的希望學生能「委屈著先『不做自己』一點」，把酸言冷語「委屈」著包裝一下，把建議「委屈」著先溫和一點，相信會讓一切更美好。

「做自己」不是直來直往的率性而為，而是在不傷害他人的情況下，溫和溫柔地堅持自己的立場。

「好好說話」也應該是一個人必須練就的本能。

＊＊＊

「可不可以，好好說話？」我對他們這麼說。

「不論你是否喜歡我，都可以表達。我不是小器的老師，不是不能接受建議，相反的，我的反省跟修正都很有誠意，可是，當方式不對，那就是最傷人的武器。就算我是大人，我也會受傷。如果，你想表達的是愛，你想獲得的是得到愛，那就不要用相反的方法去呈現，因為那將是更大可能的失去。如果你抱怨別人都離你而去，或許，你必須先思考：自己究竟散發出怎樣的氣息？平常怎麼和別人說話？」

每個人的心都是珍貴的，每個人的真摯都是值得被好好對待的，遇到耗損的對象，只要轉身，就能遇到一堆更珍惜你的人。只是，我們的緣分，可能因為幾句話就錯過了。

人與人的互動是彼此循環，大家的心都很脆弱，當對方用溫暖待你，卻獲得冰冷的回報時，最終他也會調頻自己，變成你映照出來的樣子。

看到刺蝟，只有防衛！

證明我們之間的距離的方式，不是肆無忌憚，而是同理的尊重！

「答應我，我們都要學著好好說話。」最後，我這麼說。

＊＊＊

後來的日子，學生不免還是會開玩笑，但是遇到不恰當的玩笑，我不會再暗自難過懷疑，而是當下就表達我的不舒服：「ㄟ～～這樣說過分了喔！」然後，學生也會馬上說：「喔喔。」

不制式的點到為止，讓我們都往更好的模式前進著。

之後的之後，我發現這群孩子因為這件事明白了分寸，雖然還是直接，但對其他老師多能尊師重道，言詞收斂，也避免了很多很多無心的傷害。

在社會教會你之前，我想先努力把你教好

跟學生討公道，讓我很惶恐；我討厭吵架，不喜歡尷尬的氣氛，離開教室前，也不確定這番話可以改變誰。

但，謝謝這群孩子專注安靜地聽我說，

我知道那是他們反省的心意，其實他們沒說出口的，我也可以懂。

這幾日，在心中不斷揣摩著該怎麼表達，才能讓學生明白「這不是小器，**開不起玩笑，而是，有些玩笑，真的開不起。**」我擔憂學生會不會因為我的「多話」，變得更遠、更酸冷。

教育現場，遇到嗆、辣、酸的學生見怪不怪，身而為人都有相似的處境。有些是老師受到學生言語的傷害，有些是父母受到子女無禮的頂撞，也有同學間的一句話就憂鬱到不敢上學，還有職場的霸凌更是複雜難解。

明知道學生是無心，可能只是愛開不恰當的玩笑，但那些玩笑就是依舊能狠狠傷害一個經驗豐富的老師。明知道孩子很愛父母，可能只是一時情緒不好、溝通不良，但那些粗魯的言語就是會狠狠刺痛爸媽的心，瞬間否定他們的努力。明知道同學間不免惡作劇，但就是因為同儕的影響力很大，所以隨意攻擊的一句話，可能就成了集體霸凌。明知道同事間不免明爭暗鬥，但不跟別人爭鬥的你，無端捲入是非之中，依然是想離職走人的心酸。

想著這學期結束，就不一定有緣分再當師生了；**我決定即使冒著被討厭的風險，即使可能是得到更酸更冷的話，都該勇敢把學生教會。**

然而，這種「到底要不要教」的心情，也是很多老師共同的矛盾。

＊＊＊

「其實，我很喜歡你們班，覺得你們很真，也知道你們和某些老師相處的方式，就是互開玩笑，知道他們都不會受傷，你們彼此相處很好。」上課不久後，我開始勇敢描述自己的心情。

「因為這樣，我一直思考，甚至反省自己：『是不是我太小器？太嚴肅開不起玩笑？為什麼我不能像其他老師一樣，用你們的方式跟你們打成一片？』**但是，有時候，對不起！我好像真的開不起玩笑！**

「你們說我的字很醜、太潦草的時候，我不覺得是玩笑，我很認真改進了；但你們依舊挑剔說著『看不懂』，於是我不斷重寫再重寫。那一刻，我很直覺想到：教育實習的時候，我曾被同學推選是板書最漂亮的；想到其他學生，他們從不說這樣的話，甚至還有人特別喜歡我的板書，希望能讓他拍照留念。對比之下，心情格外複雜。

「沒有人是完美的，我也是個缺點重重的老師。我覺得『有錯就改，沒有關係』，但，『好像怎樣都無法讓你們滿意』卻讓我很傷心。一次又一次，我從原先想著『可能是開玩笑』，到開始懷疑自己的字，最後也不禁懷疑你們對我的心意，甚至在進教室前，都有些不安害怕。」

我將這陣子面對學生指責的心情全盤托出，雖然我可以選擇忽略，但我更覺得應該讓孩子們明白「言語會傷人」。

學生們都很安靜，有些孩子低下頭若有所思，我繼續說道：「其實除了嫌老師字醜之外，還有很多回應，像是：『老師今天穿得好老，好像阿嬤喔！』『拜託，你教的我都聽不懂啦，都聽不懂還要考試是要逼死誰啊？』『吼～～才剛打上課鐘你就來了，也太不貼心了吧！我們還想再睡一下耶～』『答不出來就要扣分，啊就記不起來啊，機車咧！』一句又一句，都讓我在當下啞口無言；那些言語伴隨著口氣或表情，就擴大了殺傷力。我有時為了顧全氣氛，勉強附和著；有時，卻連附和或自嘲，都很困難。」

再次說出那些惡毒的話對我來說有些難過，並不是我愛記仇，只是這些明明是學生態度不正確的話，卻都被說成是老師不貼心，實在太讓人委屈了。

「老師，對不起！我們知道錯了。」終於，有一個學生這麼說。

「老師，對不起。」「對不起！」「對不起。」接著是此起彼落的「對不起」，雖然聲音不大，但我感覺到了。

「沒事了，大家說清楚就好。我比較雞婆，會覺得該教的都要教，因為你們這樣的說話方式，也可能會傷害到其他老師或你的爸媽，希望你們明白我的心意。」

「好的，老師。」底下的學生竟然異口同聲起來。

事件圓滿落幕，我的心情也好多了，之後的課堂，我們的相處也越來越自然愉快。

＊＊＊

我也常常想直接「以毒攻毒」，當學生嗆我「很醜很老」的時候，我也回嗆他們「你自己才醜」就好了。或許這正是切中青少年的溝通方式，或許大家彼此調侃會很歡樂；但一想到說出的話，可能不小心真的變成毒箭傷了某個人，或者真的帶動了大家彼此互酸的氣氛，就無法說出口。

要說酸話、要罵髒話、要攻擊對方的短處，只要不是啞巴，大家都會；但要忍住不說酸話、不罵髒話、小心不要批評到對方的短處，卻需要修養，需要忍耐。

「互相嗆來嗆去」、「說話一個比一個還酸」或許是學生的相處方式，但我不認為這是應該被鼓勵的方式，因為，你永遠不知道：你的哪一句話可能傷害了對方？對方可能也永遠不知道：他的哪一句話打擊了你？

我相信人都有善性，相信每一次的相會都能散發真摯的溫暖。

只是，當負面的話說得多了，就會是人際的炸藥，就沒辦法不當真了；而酸冷的回應，也會阻礙別人看見你真正的樣子，加深彼此的誤會。

即使是最愛孩子的父母，都會因為孩子的一句話而傷透了心，老師即使愛學生、懂學生，都會在這樣的互動中受傷，而那些不懂他們的人，又將怎麼想？

我知道，有時急著教很多道理是沒用的，我們必須等待學生懂事，等待他們在人生某一刻的「突然明白」，否則，只會引來更多誤解，甚至更多酸言冷語。

我可以選擇閉上嘴，忍耐一下，畢竟師生的緣分自然都有盡頭；我知道「在學校沒學好的，出社會自然會有人教他們」；也知道總有一天，學生會在切身之痛中覺悟，當他們進入職場，或許一句話不對，就可能被炒魷魚，或許一個眼神不對，就會失去機會！

可是，我不希望學生等到那些時候才能明白！

我深怕在他們還不明白之前，不小心又傷了誰，或者阻斷了某些機會。所以，我要自己鼓起勇氣跟學生討公道，跟他們討拍：「我受傷了，可不可以好好說話？」

如果可以，我希望盡我所能，趕緊把他們教會，讓他們少吃點虧，少走點冤枉路，少因為自己的無意，造成別人的傷害和誤解。

跟學生討公道，讓我很惶恐；我討厭吵架，不喜歡尷尬的氣氛，離開教室前，也不確定這番話可以改變誰。但，謝謝這群孩子專注安靜地聽我說，我知道那是他們反省的心意，其實他們沒說出口的，我也可以懂。

身為老師，我想在社會教你前，先努力把你教好。

也謝謝學生們的教學相長，讓我提醒自己：「要好好說話」。

人性本墮！所以要「慎始」與「慎獨」

「慎始」、「慎獨」是一個人從小到大最重要的自我提醒，
更是一個容易受環境影響的人，最重要的修練。

或許我們沒辦法完全阻止學生走向誘惑，
但帶他們明白每個行為的脈絡，
在必要時候適時成為孩子最好的擋箭牌，是我永遠願意的事。

「沒有不可能！」是我給學生的標語，也是我自己的座右銘。

我很喜歡這句話，在多年的人生道路上，或教學過程中見證的改變，我都深刻體會到「只要你想要，你就能達成，沒有不可能」的力量！而改變，常常就在醒悟的一念之間！

但「沒有不可能！」也是反命題，你可能比預期中更好，也可能比預期中更差，沒有不可能！

反向例子很多，印象最深刻的都是來自於「自我的選擇」，而讓人震驚的是，這些選擇常常起初都只是不起眼的開始，最終卻在時間推移下，成了危害一生的關鍵！

初識淳佑的時候，他相當靦腆乖巧，國中時表現平平的他，到了高中非常期待自己能有所不同，於是新生訓練時，不僅主動擔任幹部，課業也相當積極。隨著開學時間過去，同學間彼此愈加熟悉，淳佑開始認識更多人，包含其他班的阿志，他們從原本的打招呼，晉升成下課一起去合作社，放學一起回家的好朋友。

阿志的本性不錯，但交友複雜，也有極大煙癮，他在學校無法忍耐不抽煙，於是，下課便常躲到廁所裡去抽一根。

淳佑不抽煙，甚至聞到煙味就反胃，但因為阿志，他義無反顧幫忙把風，久而久之，也習慣了煙味；阿志為了感謝淳佑，就在把風之後，常常「請他」抽一口，不好意思拒絕的淳佑從一口慢慢變成了一根，到了畢業，竟成了每天必抽一包煙的老煙槍。

阿志帶著淳佑結識了一群混幫派的朋友，這些朋友並非本性不佳，但都對人生沒有太多想法，也不喜歡讀書，他們經常聚在一起抽煙、騎車、閒晃，甚至為非作歹。淳佑從原本覺得格格不入，到後來逐漸認同，當課業與人際都逐漸失去著力點的時候，他覺得阿志和這群朋友才是真正懂他的人，他們的行為沒有錯，他們都有苦衷，他們只是不被社會理解而已。

我一路看著淳佑從一開始想積極變好，到最後變成一個經常出入學務處、警察局，經常被通報又出事的學生，心裡覺得很驚訝也很難過。

我驚訝的是：他的改變只在一個學期內，一個人要往下墜落，速度之快，令人難以想像。我難過的是：**淳佑雖然一直都能好好與我談心，也經常在這些對話後有所思考，但離開我之後的大部分時間裡，他都和朋友們在一起，師長的話即便有意義，也抵不過環境與慣性。**

他把自己放進了一個危險境地，開始時相當自然，但要抽身卻難上加難。

淳佑跟阿志變成朋友，淳佑沒有在阿志第一次請他抽煙時，拒絕那第一口煙；淳佑沒有在阿志帶他去認識混幫派的朋友時，找理由斷然離開。之後，有一就有二，有二就有三，接著，要拒絕已不可能！

當淳佑回顧時，他已經離原來的軌道很遠很遠，他只剩下這群朋友，只剩下這個慣性模式，只剩下不知怎麼回頭的自己（甚至是不知道該回頭的自己）。

淳佑在畢業時也印證了「沒有不可能」這句話，他變成一個反例。

而在淳佑之後，我也看到、聽到、讀到了更多相似的故事，有時是因交友，有時是因沾染了不好的習氣。

＊＊＊

那天，是暑期輔導的第三天，上課到一半，威庭跑來跟我說：「老師，我人不太舒服，想回家休息。」

威庭的課業一直跟不上，上課常藉故去廁所就消失很久，下課後的誘惑也很多，一直讓人很擔心。升高三的暑輔是調整大家心態和作息的重要階段，我特別希望能把他帶上來，念點書，不讓高中三年留白。

我測量他的體溫，發現他並沒有發燒，問道：「你哪裡不舒服呢？」

「就是頭很暈，身體沒什麼力氣，想回家睡覺，明天應該就會好一點。」威庭虛弱地說。

「昨天很晚睡？睡很少嗎？」

「我昨天一點多才睡，現在其實頭也很痛。」他的眉頭皺了起來。

「其實我可以放你回去，畢竟現在是暑假，請假、銷假沒有那麼嚴格，導師同意就好了。可是，我覺得不該放你回去，你知道為什麼嗎？」我故意問他。

「我知道老師一直希望我堅持下去，可是我就是身體很不舒服。」威庭委屈說道。

「放你回去，說聲『好』，對我只要幾秒鐘；可是，現在是暑輔第三天，是高三的開始，此刻對你或對我們來說都是有意義的。你的身體可能只是缺乏睡眠，如果你想要改變，只要稍微忍耐一下或下課趴睡一下，相信這種不舒服過一段時間可能就好了。可是如果你選擇跟過去一樣，一點點不舒服就回家，那就會回到原來的模式，此刻的意義也就不大了！下一次你再想要重新開始，可能更困難，而且你可能會更討厭這個『總是無法堅持到底』的自己。所以，我希望你即使有點不舒服也繼續待在學校，這樣對你比較好，可以嗎？」

威庭若有所思又勉為其難地點點頭。

「我覺得你現在心理的因素大於生理因素，有時候試著拿出一些對自己的要求和意志力，把注意力切換到要做的事情或目標上，你也會變得比較有活力。」

「好的，老師。」

於是，那一天，我阻止了威庭回到原點，威庭後來也試著比之前再多堅持一點，高三的他雖然不如其他學生認真努力，但至少不會像其他直接放棄的學生一般，過得渾渾噩噩。

＊＊＊

班會課上，我在黑板寫下「慎始」與「慎獨」這兩個概念！

「慎始」就是有意識自己的每個行為，所有的行為都是連貫的，有一就有二，因此，一定要謹慎於每個小小的開始，從「要不要玩這個遊戲」、「考試要不要作弊」、「作業要不要抄襲」到「該不該跟那個朋友那麼好」等都是，這些開始有時伴隨著甜頭輕鬆，但這些甜頭都是包著糖衣的毒藥，必須在一開始就清醒想到未來，果斷拒絕，才能避免錯誤發生，才是自律。

我要學生學習遵從內心「善的指引」去做對的選擇，然後，勇敢拒絕這些

看似不經意的小開始。

此外，也教學生如何「拒絕」。

記得小時候，爸媽告訴我：「如果沒辦法拒絕別人，就搬出『爸媽、老師』就對了。」

「我爸媽不讓我去。」「不行，我爸很凶，他如果知道會打死我！」「我們老師最機車了，我不敢去做。」讓這些大人當擋箭牌，避免拒絕的尷尬，的確是在孩子還沒辦法鼓起勇氣拒絕時，最好的辦法了。

「慎始」之外，「慎獨」也很重要。

《大學》與《中庸》中都強調「君子慎其獨」，**一個人獨處時，如何管理自己，如何運用時間，決定他的未來。**

我希望學生經常思考：「從中學時期開始，在你爭取更多自由之後，你選擇在爸媽、師長不知道時，做些什麼事呢？這些選擇是正確的嗎？」

一個人獨處時，如果做了對的選擇，會讓你從小培養出自律的人格，逐漸拉開人與人的差距；相反的，如果做了錯的選擇，會讓你在旁人都無法保護的情況下，一步步踏向相反的道路，走向自己的死蔭幽谷。

「慎始」、「慎獨」是一個人從小到大最重要的自我提醒，更是一個容易受環境影響的人，最重要的修練。

「從今天起，老師當你們的擋箭牌！請你在每個選擇中謹慎思考，勇敢拒絕那些誘惑，走向老師所在的地方吧！」最後，我對全班這麼說。

或許我們沒辦法完全阻止學生走向誘惑，但帶他們明白每個行為的脈絡，在必要時候適時成為孩子最好的擋箭牌，是我永遠願意的事。

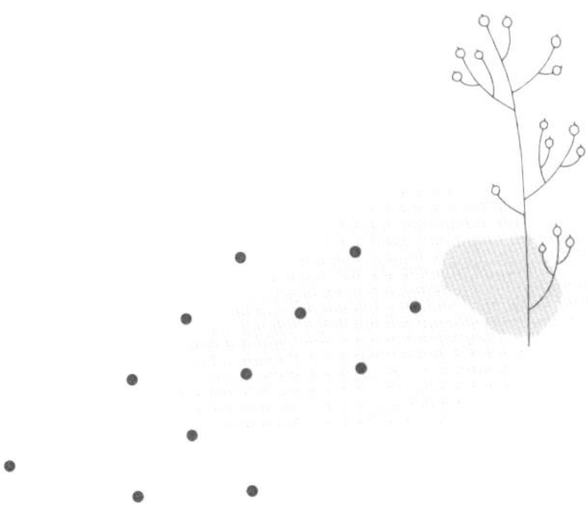

為什麼一定要「勉強」學生參加班級活動？

身為導師，我看到的不是一次事件，
而是一整個班從一次事件後延伸的發展。
我必須先考量到之後的發展，在每個當下做出最好的判斷和決定，
這才是一個領導者的視野，我們班才能安穩地走下去。

每年都會遇到幾個這樣的學生。覺得班級事務沒有必要參與，我不需要，我可以自己處理得很好，我也有很多合理的邏輯支持「不必要參與班級事務」的決定。然後，我也夠乖，我不參與不代表我是浪費時間，我會用同樣時間做有意義的事，事實上，我可以一個人抽離出來，取得好成績，行為也不讓老師擔心。

所以，「老師，你為什麼不尊重每個人的需要，硬要強迫全班一起參加『不需要』的活動呢？」

身為老師，我很開明，聽得懂也能理解學生的話，當然也能信任他，讓他抽離在班級活動之外，其實並不難。但，我就是逼著他一起，就是要他學著「合群」。

「你的理由很有道理，我知道你不是反抗我，是真心覺得自己並不需要一起。但是，我是導師，我有帶班的考量，也有班風的考量。我完全可以同理你，但我有我的不得已。今天我理解你，為你開了先例。你覺得其他同學怎麼想？會不會有很多人跟進？」

「會。」學生自己點了頭。

「你覺得今天的破例只是今天的情況而已嗎？未來的任何班級事務，會不會遇到類似情形？就像暑期輔導，有些學生我明知道他程度很好，也夠認真，來聽講可能是浪費他的時間，但我卻要他也跟著一起。為什麼？」

學生沉默，我繼續說：「第一是班風。你們高中了，跟你們朝夕相伴的，一起學習的是同學，而不是老師。我只能努力把『團結、善良』的心地和風氣傳遞給你們，負責掌舵全班方向，但我沒辦法陪你們上每一堂課，即使有心想多陪你們做更多事，也是分身乏術。

「所以，老師不在的大多數時間裡，我們班團結與否，同學間是否互相幫助，是最重要的。如果今天老師開了例，大家之後就會開始各自找理由避開團體活動，最後，我們班一定會變得自私。一個班風不好的班，不論學習或氛圍都不會太好。」

「嗯，這我可以理解。」

「有些事情的確需要全班一起，『班風』的意識，或暑期、寒假輔導課有教學進度的壓力，必須全班參加等，這些共識必須一開始就建立。相反的，如果我們都把時間精力花在溝通這些各自想脫隊的情況裡，那我們還要不要學習？會不會太可惜？我們本來可以聊更有意義的事情。」

停頓一下，我看了看學生的表情，似乎有把話聽進去了，於是又接著說：「第二是，我希望你能思考一件事情，**你要選擇當一個『聰明且合群』的人？或是一個『聰明但孤僻』的人？**」

「老師可以分析一下這兩者有什麼不同嗎？」愛思考的學生很認真地提問道。

「你覺得自己不需要來，不需要聽，雖然有道理，但不一定是對的。聰明會思考的人，很容易因為覺得自己具備『獨立思考的能力』，而有莫名的優越感，甚至以孤僻為崇高。但事實上，憑藉著比別人多了一點點思考所產生的自大，卻可能誤了你。你以為什麼都懂，就可能讓你失去很多機會，學著放下優越感，學著『合群』，才是一種重要的能力。

「**『合群』其實比『聰明』更難，『聰明但孤僻』最後可能只是自以為是而已，但『聰明且合群』才會變真正的人才！**我希望你記住這段話，因為這可能是你未來會遇到的人生課題。

「然後，我也需要你同理我帶班的心情。開先例無所謂，但身為導師，我看到的不是一次事件，而是一整個班從一次事件後延伸的發展。我必須先考量到之後的發展，在每個當下做出最好的決定和判斷，這才是一個領導者的視野。我要帶四十個不同個性的學生，必須有原則跟堅持，我們班才能安穩地走下去。因此，我有我的不得已，也希望聰明如你，可以體諒我。」最後，我溫和地這麼說。

「老師，我懂了，我會參加班級活動。」學生豁然開朗地笑了。

我知道這孩子個性中的執拗，知道他雖然願意去，卻不代表到那裡後會完全配合。因此，不放心地追問道：「謝謝你，我很感謝你能理解。那你去聽不想聽的演講，應該怎麼表現呢？」

「我會發呆或睡覺，因為我真心覺得不需要，但我知道要合群。」

果然跟我預期一樣啊，我繼續說道：「錯了！你的個性的確可能遵守了第一步，卻繼續用自己的邏輯處理事情。既然你這麼聰明，這件事也可以看成是學習機會，所以去那裡不是發呆或睡覺，你可以改用一個『旁觀者』或『學習者』

的角度去留意整個過程，而不是覺得只要把時間打發過去就好。事實上，如果我是你，我會很好奇這個講者怎麼處理這個問題，這個問題或許你現在覺得不需要，但不代表未來也不需要；學會這些，未來或許你可以自助或助人。」

「謝謝老師，我的確沒這樣想過。一般老師也只告訴我第一步，沒人追問到後續，感謝老師提供的建議。」

「哈！你的反應跟邏輯的確都是一個善於思辨的學生會有的表現，既然自詡聰明會思考，那就照著老師的建議觀察看看：是否跟自己預期的結果相同？有可能的確沒收穫，也有可能大有斬獲，不管哪種發現，都是進步；所以，把它當成一種檢視的機會也不錯。」

學生聽完後，面色溫和許多。過了不久，收到他的訊息：

「謝謝老師今天給我上了一課！果然當初沒有看錯你，雖然我覺得今天的表現好像有點過度叛逆，先跟老師道歉。但希望老師這種『不會硬說』、『不會不解釋』的個性和想法，以及『對我們這種難搞學生不放棄的教學熱情』，都能繼續下去。未來兩年拜託了。」

從請假到休學，需要多少時間？

真心想要變壞變爛，不會很難。

真心想要變好，卻很難。

要堅持原則，克服惰性，拿出耐心和遠見，分析利弊，

還要忍受各種考驗和情緒。

可是，一旦起身，前方就不遠了。

好多年前，班上來了復學生，原因是缺曠太多，最後只好休學。雖然大致了解，也從原導師那裡知道他的情況，不過他來了，我還是又問了原因，想確認兩方說法。

小文是個看起來很文靜乖巧的學生，說話很小聲，他說他常常上學前身體就不舒服，導致根本無法出門，媽媽就讓他請假，最後，曠課太多也就休學了。

「那你休學這段時間，每天都在做什麼？」

「都跟媽媽在家裡，沒做什麼特別的事。」

「那爸媽一定很擔心吧？他們心裡一定特別辛苦。身為爸媽，孩子沒去上學，一定會擔心你的未來，可是因為愛你，可能也無計可施。接下來，來老師班上重新開始，試著好好上課吧。」

小文只說了「好」，就再也沒話了。但，第二天，整個早自習都沒見到他，我著急地打給他沒接，站在教室外望穿秋水也沒等到，一回辦公室就趕緊聯絡家長。

「媽媽，小文沒有來學校。他出門了嗎？」我的聲音裡有著擔心。

「他早上說不舒服，今天讓他請假好了。」媽媽說這些話時，有些不知所措的尷尬。

「好，那他在你旁邊嗎？我想跟他說說話。」

電話轉給了小文，我詢問了身體情況後，說道：「還記得昨天跟你說過的話嗎？老師昨天很忙沒時間細說，現在再說一次，希望你記得，好嗎？」

「好。」學生聲音很微弱。

「小文，你以前的狀況我大概都知道了。但以前是以前，現在你來到我的班上，我就把你當成跟我有緣的學生，我想盡可能改變你。如果你聽得進去，可能就跟以前不一樣，可是如果你依然如此，最後我也沒辦法幫你了。這是前提。」我溫和地提醒他。

「好。」

「你知道『要讓一個學生從請假到休學，需要多久時間嗎？有多容易嗎？』」

「不知道。」

「最快只要兩周！今天要讓你請假，對我來說很簡單！你恐懼來學校，以各種理由請假，我如果不想介入，只要都說『好』就可以了。不為難你爸媽，不為難你，少一個學生來學校，不用處理他的問題，或許對老師來說也很輕鬆。所以，你要先知道**『老師答應讓你請假很容易，要像現在這樣『逼你』來上學很難很辛苦』**，我希望你了解我的心意。」

「嗯。」小文的回答輕軟省略。

「然後身為老師，也知道大概的流程——第一周就一直讓你請假，等到第二周，你就有慣性跟上學恐懼，幾乎不會來了。人有惰性，放縱久了，便很難再回原點，所以第二周之後，你會更不想來學校；另一個狀況是，到了第二周，就算你很想來，你也來不了。因為你來之後，會發現功課跟不上，跟同學更不熟，就會越來越恐懼痛苦，所以，想來也沒辦法來了。而你現在是復學生，本來就跟班上不熟，又有身分調適的問題，第二周不想來的情況只會更嚴重。

「所以，只要兩周，你就會回到原點，繼續過著原來的生活！接下來你就會因為出缺席的問題，導致學分不足，或者不得不休學。而身為老師，我只要在每個請假的當下說些好聽話就好了：『好的，讓他好好休息，我期待他來學校。』『來學校對他比較好，希望他趕快來。』我沒有需要多做什麼，也沒有做錯什麼，或許還很溫柔溫暖，但我心裡很清楚，這學生回來的機會已經很渺茫了。」

我確認學生聽懂後，又繼續說：「可是，小文你真的想要這樣嗎？這是你要的人生嗎？你每天待在家裡什麼都沒做，只是上網玩遊戲，真的有比較快樂？覺得心安嗎？你長得這麼帥，頭腦也不錯，是可以有更好的人生的。可是你因為各種原因，就讓自己永遠停在這裡，會不會太可惜？然後，我們連孝順爸媽都來不及，還讓爸媽這麼難過擔心，這樣是好的嗎？」

「爸爸很凶，昨天還跟他吵架，他們不會難過擔心的。」小文聲小如蚊，我幾乎聽不清楚，但也覺得長期脫離正軌，讓他越來越沒自信，以致影響表達。

「你爸媽再怎麼凶，一定都是超級疼你寵你的。如果是我的小孩，我幾乎不讓他們因為各種理由請假，甚至看完醫生，還要他們繼續去上學。你的爸媽很疼你，才會讓你一直請假，可是你不應該把他們的理解拿來利用，或者把寵愛變成對你的無計可施，這對他們不公平，最後他們的好意與愛，卻變成害了你，這對你們彼此也不好。高中的這些規範對你來說或許很痛苦，但痛苦的時間再兩年就熬過去了。大學後，課程比較彈性自由，學校跟師長的管束也不會那麼嚴格，你會覺得好多了。所以，你要趕緊到下一階段，不要一直在這裡卡關，這樣是不聰明的。知道嗎？」

「嗯。」

「那接下來，我們可以來試試看新的模式。第一，我不會讓你那麼容易請假，請假要附醫生證明才能銷假；第二，我希望你就算身體不舒服，也要逼自己來學校，我可以接受『你來了之後回家』，但不能接受你『直接不來』；第三，你來了功課跟不上、上課不想聽都沒關係，我不要求你課業，我只要你先練習每天準時來學校，跟其他人一樣就好。最後，我希望你明白我是為你好，然後抓著我！**我比較傻，捨不得學生離開我的班，希望你跟著我們班一起畢業**。可是有一天，如果你依然故我，我也會安慰自己說：『我盡力了，這是你的命！』你懂嗎？」

「好。」

「那從明天開始，我等你，我每天都會等你來學校。」

「好。」

第二天，我很緊張，一早就到班上等，結果他來了；我好開心，狂鼓勵。第三天，他提早來了，我好開心，說：「不然累積到一定次數，來個獎勵好了。」便在心裡想各種獎勵方式。第四天，我觀察他上課也認真做筆記了，感動到想哭。

然後，是好多好多天，這個孩子回來了，跟著我們畢業了！

＊＊＊

真心想要變壞變爛，不會很難；只要放任自己，隨著惰性就好了。可是真心想要變好，卻很難；要堅持原則，克服惰性，拿出耐心和遠見，分析利弊，還要忍受各種考驗和情緒。

可是，一旦起身，前方就不遠了。

老師有很多學生要顧，有很多時候可以理所當然覺得自己「已經夠努力了」，但有可能，這個和你有緣的學生就是因為你的堅持而重獲新生。

所以我總是這樣告訴自己：要站在更高的視角上，想辦法再努力一下，把學生踏進黑洞裡的腳抽回來。

你不用變弱，我就會注意到你了！

設定底線時，雖然對方會用哭鬧裝弱來爭取舒適圈，
但其實規範才能帶來安全感和進步；
就像如果學校沒有校規，看似自由的設計，其實帶來的不安全感反而更大。
老師會看著、會糾正，這遠比放縱他們給予自由，來得更珍貴。

孩子們想要獲得注意或規避責任，故意哭得很大聲，做出破壞行為，或者刻意變弱的表現，都是人性。學生或大人的動機或心情也是類似的，只是不好哭，也不能隨便發洩，於是，用生病或表現變差，是最常看到的情況。

在教學現場，也發生過好幾次類似的例子。

有維個性穩定且有禮貌，課業也名列前茅，可謂品學兼優。他在學校是我重要的左右手，不僅班上的秩序需要他，同時也擔任小老師的職務。

有段時間有維突然生病了，一開始是腸胃炎，他不明所以開始拉肚子，看來相當虛弱。我關心他是否發燒、是否按時服藥，有維都按照程序進行治療，但連看兩次醫生後，卻始終不見好轉。

他溫弱的模樣，總是令我擔心，除了關心作息與家庭情況，有時還會給維他命。

「吃完第二輪藥之後，情況怎麼樣？」

「好像沒有比較好，或許要去照胃鏡，看看是不是有其他問題？」

「老師也覺得的確需要做更詳細的檢查才能放心，那你找時間去，再告訴我結果。」

「好。」

看著原本沉穩的他及留意最近的互動，我察覺這孩子心理的脆弱依賴，更甚於身體的不適。或者說，身體會有些不舒服，當然應該就醫診斷，但有時候那些或輕或小或找不出原因的病痛，也許從心理出發反而是治本所在。

接連好幾天，有維看來都如往常，但他口中的病症卻沒有起色。

「有去做詳細檢查了嗎？」

「有去照胃鏡，醫生說沒什麼大礙，但我就是很虛弱，吃藥、休息都不對。」

那一刻，我雖然還是給他些糖果餅乾，但內心覺得應該要鼓起勇氣戳破真相，我不想他弄假成真，不想他真的變成一個「需要靠著裝弱討拍，才能前進的人」。

「除了身體的不舒服，會不會心理也有一些壓力或因素，造成這樣的結果呢？」我小心翼翼問道。

「嗯……其實有一點。」有維含蓄回道，他不是一個會直接表露心事的人。

「我會這樣說，是因為觀察你以前的身體狀況都很ＯＫ，不像是生病就會拖很久的人，感覺就是個非常健康陽光的孩子。但這次持續兩個多禮拜，找不出原因又沒起色，我才猜想『會不會是心理因素』，希望你別介意。」

「我懂。」

「你能懂就太好了。你知道嗎？有時候我們會因為想要被關心，所以行為或身體上就會不自覺走向一種『需要關懷』的模式。可是，我覺得這種心態是『可以選擇的』。

「**一個人不一定要選擇用變弱的方式才能得到注意，事實上，你穩定可靠的存在，即使別人不說，也會注意到你的**。

「就像現在是考前階段，有些學生因為壓力大就各種爆炸，老師每天都必須做出回應或解決之道，形成消耗的關係；相對的，有些學生做好本分，讓人放心。

「但，你覺得老師會因為他們很乖而忽略他們嗎？當然不會。

「雖然老師沒有特別找他們來談話，看似沒有得到關注，但，事實上，他們穩定的表現就自帶亮點，讓人無法忽視，也是老師最大的安慰和力量，我很感謝，也很讚賞。所以，『不用變弱，老師就會注意到你們了；**變強或穩定同樣會獲得關注，而且是更大的、彼此成就的力量**』。」我看著有維，語氣中盡是鼓勵和肯定。

「了解，我懂了，謝謝老師跟我說這些。」有維的臉上終於出現一絲笑容。

「我們可以這樣明說真是太好了，你可以接受我直接戳破表象，點出弱點，還能夠聽懂跟認同，我覺得非常了不起。然後，一旦你懂了，就可以跳出這種心理影響生理的框架了。」接著我稍微轉了話題人物：「其實，像班上的守捷，我並不覺得他身體狀況有那麼嚴重，但他因為心理因素導致都不能來上學，讓我很擔憂也覺得可惜。」

「他好像因為國小被霸凌，留下了後遺症，從那之後就開始身體不舒服。」

「我可以明白他心理有陰影，只是覺得可惜。心理或許會影響生理，但其實也是可以避免的，端看你怎麼看待挫折。像老師當年國一還沒開學，就遇到當班長被全班罷免，加上成績又倒數，一團混亂的情況，那時真是重大打擊；但我選擇在情緒過後，用旁觀者角度理性審視問題，發現當時的我真的很難相處，而這個徹底重擊反而成了反轉的動力。倘若那時我一直把自己當作受害者，帶著這樣的悲劇性格生活，現在應該是一個滿身病痛、毫無自信的人了。」我把自己的經驗告訴他。

「謝謝老師，我了解了。」

「所以我覺得或許你下周就好囉，我相信你會好的。」

最後，我笑著對他這麼說，有維也露出如釋重負的表情，開心離開了。

＊＊＊

面對高需求、過度放大的情況，越要冷處理，或許要忍受一段拉扯的適應期，但處理情緒與挫折，是每個人與每段關係中最重要的練習。

當你設定底線時，雖然對方會用哭鬧裝弱來爭取舒適圈，但其實規範才能帶來安全感和進步；就像如果學校沒有校規，學生想怎樣就怎樣，看似自由的設計，其實帶來的不安全感反而更大。

孩子知道自己太誇張，老師會看著、會糾正，不容許他們變怪變弱，這遠比放縱他們給予自由，來得更珍貴。

當然，人人都愛肯定，面對穩定乖巧的對象，也要適時主動給予回饋，才不會造成行為倒退，也能在鼓勵後形成正向增強。

人都有一種盲點，越親近的越容易輕忽，越聽話的越不放在心上，因為注意力全都不經意轉移到那些更外圍或難搞棘手的人身上。有維的情況更加提醒了我自己，不管在學校或家庭，對每個身邊的人都要記得適時地給予關注，表現出我們的愛。

這世界不缺聰明的腦袋，但缺善良的心

遇到不受教、但成績又沒話說的學生，
我當然可以選擇睜一隻眼閉一隻眼，多一事不如少一事。
但我不想違背自己進入教育界的初衷，
也希望遇到難題，能勇敢面對而不是躲避。

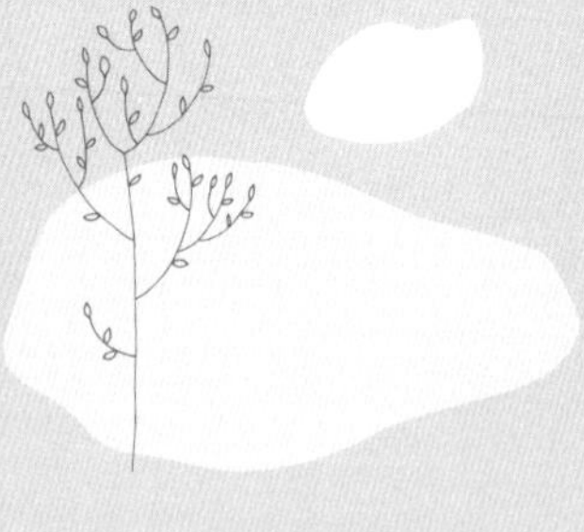

世翔長相帥氣，打扮很像韓流明星。他總是搭著計程車上學，每天九點才到學校，背著Y3包包，穿著限量球鞋，拎著兩袋早餐進教室。他的遲到習慣從國中就開始，因此，早已沒有其他學生遲到時的那種不好意思的神態。他大搖大擺直接走進教室，拿出兩份早餐開始享用，不管是否打斷老師上課，都依然故我、毫不愧疚。如果是其他時間到他們班上課，他的狀態就只有三種：一是趴著睡覺，二是跟同學說話，三是說要去上廁所就離開教室，一去不回頭。

從沒認真上課的他，因為有家教支撐，成績保持前三名，課本從沒翻到正確的頁數，也從不做筆記，但你隨時抽問，他都能說出正確答案。許多老師因此也就睜一隻眼閉一隻眼，口頭規勸他的行為後，就任他自由發展，不了了之。

從我遇到他的第一堂課開始，他就是這樣吊兒郎當的模樣，雖然不敢光明正大吃東西，但各種小動作卻從沒少過；他與同學聊天時，我糾正，他就乾脆趴著睡覺；糾正到最後，已經嚴重打斷全班上課的秩序，最終，我也無法時時提醒，而他幾乎整節課都趴在桌上。

一整個學期，世翔的行為越來越糟。他甚至跟同學說：「我上課都在睡覺，可是段考都考九十，老師也沒辦法拿我怎麼樣。」肆無忌憚的談話讓同學們忿忿不平，「睡覺才會考高分」、「只要成績OK就可以不被當」的言論在同學間蔓延。

期末結算成績時，他平均是八十六分。看著他的成績，要當掉他真的很困難。

我詢問他的導師這學生的狀況，導師告訴我：「世翔是獨子，家境富有，爸媽都有權有勢，國中就曾經因為不服管教，找議員到校理論，老師因此還被告。最後，老師們都對他無可奈何，很多事就這樣平安過關了。如果陳老師您刻意給他低分，會很麻煩。班上其他老師知道他的情況後，乾脆就放棄管教，不然就是口頭規勸，學生要聽不聽是他的人生，我們不用跟他計較。尤其您又是科任老師，不用去蹚這渾水。」

他整個學期的上課情況與同學們的忿忿不平都浮現在我眼前，面對最終成績的生殺大權，我不斷思考：**身為老師應該給予學生怎樣的教育？怎樣是好老師？怎樣才是對學生負責？**

最後，我決定調整他的成績，作為上學期表現的教訓。

＊＊＊

果然，世翔一拿到成績單就非常氣憤地跟著父母、民代一起來找我。

爸爸一見到我就盛氣凌人地說：「陳老師，我兒子每次段考都九十，他說他小考都有考、罰寫都有交，可是你竟然給他打這麼低的分數，六十分！你會不會太誇張了？」

不等我回應，媽媽又說：「對啊，你以為我們沒有讀過書、上過學嗎？六十分都是老師勉強讓學生及格的分數，我兒子表現沒有任何問題，我們還每科都請家教幫他專門輔導，他這麼努力，你給他六十分根本就是侮辱！」

民代接著又說：「陳老師，你成績是不是算錯了？還是誤植其他學生的成績，沒有檢查啊？如果你真的刻意給學生這麼低的分數，我們是會開記者會來討公道的，當老師就可以自作主張喔？」

我眼前的三個大人都是有備而來，霹哩啪啦先是罵了一串，完全沒有讓我講話的機會，第一次面對這樣陣仗的我，也的確大開眼界；而一旁的世翔刻意穿著整齊制服，乖巧安靜地低著頭，全程手被媽媽緊握著，不發一語，像是一個無端被打壓的善良百姓。

待他們一連串的質問終於告一段落後，小小的諮商室終於安靜了下來。

我沉靜地看著世翔，說：「世翔，你抬頭看著老師。我只有一個問題要問你，然後我希望你誠實回答，因為如果你不誠實，我也可以找其他同學來作證。但我覺得沒有必要，今天我們要處理的不是天大地大的大錯，而是我希望你能變得更誠實，也是真心為你好。我想：一個學期了，你應該對老師對你的管教和愛，心裡有數。對嗎？」

世翔這時抬起頭，看了我一下。

「很好，你繼續看著我，因為我很有誠意要幫助你。我想問你：你的爸媽知道你在學校上課的情況嗎？爸媽是不是因為你成績好，以為你在學校很認真？」這兩個問題讓世翔尷尬得說不出話來。

「你要自己回答，還是我幫你說？」

世翔依然不發一語，悄悄掙脫了媽媽的手，又低下了頭。世翔的爸媽則是表情有點尷尬。

我告訴世翔的父母：「沒錯，今天他的成績是我刻意調整之後的結果。雖然我不是他的導師，但我這麼做有三個原因：

「第一，他的上課態度很不好，總是睡覺、講話、分心、吃東西或藉故上廁所、裝水。一整個學期不論任何時候，我從沒想過放棄他，所以始終堅持糾正他，課堂上或下課後的提醒從沒少過，但他依然無動於衷。

「第二，世翔並沒有因為老師對他的包容而反省，相反的，他還很得意告訴同學：『因為他成績好，老師沒辦法當掉他』。身為老師，如果我今天原諒他，就會害他們班的班風變差，大家會以為『只要成績好就可以任意妄為』，最後，會出現更多這樣態度不佳的學生。

「第三，我知道世翔家境好，父母很疼愛他，他也非常聰明，但如果他的態度如此，最後這些優勢反而會害了他；他今天有福氣生在富裕幸福的家庭，應該要把這些優勢發揮在更正確的地方，而不是因此耽誤了他。」

最後，我告訴家長：「給學生幾分對老師來說真的沒差。我只是他的科任老師，只會教他一年，我可以無視他的表現給他原有的八十六分，然後放他自生自滅；但我因為在乎這個孩子，真心愛這個孩子，所以願意花力氣糾正他的行為，甚至不惜坐在這裡，遭受可能被告的風險。即使我只是科任老師，我還是要負起教育的責任，**在教書之外，我更希望學生懂得做人的道理，因為這個世界不缺聰明的人，缺的是正確的態度與善良的心。**」

說完這些話的時候，諮商室一片空白靜默，氣氛有些尷尬，終於媽媽看著世翔開了口：「老師說的都是真的嗎？」世翔頓了好一會兒，才默默點了點頭。

接著我要世翔在父母面前坦承自己上課的情況：「你自己親口告訴爸媽實話吧！老師剛剛說的這些是不是真的？還是誣賴你？誤會你？我相信這一刻雖

然逼著你面對自己的錯誤、很難堪，很尷尬，但唯有面對錯誤的那一刻，才能改過重生。」

於是，世翔在爸媽的連番追問下，一五一十把自己上課的情況全盤托出。

世翔爸媽對獨生子百般呵護，世翔也是一個很懂得在爸媽面前賣萌裝乖，以此獲取好處的孩子，他們一直以來的微妙平衡在這一刻被戳破了假象。就像很多爸媽無法置信自己的心肝寶貝在學校竟是頑劣學生一樣，面具摘下的那一刻雖然令人難以接受，但看清真相才能真正幫助孩子成長，才不會讓孩子過著兩面生活，漸漸離爸媽越來越遠。

「請爸媽相信我身為老師的初衷與真心，我們都不需要因為這次事件就否定這個孩子的本質，每個人都會有觀念錯誤的時候，我不在意學生犯錯，但我害怕的是：家長因為太愛孩子，而無法明辨是非，一味偏袒護航，最後反而讓孩子偏離軌道更遠。」

「謝謝老師，您真是一位有勇氣的老師，謝謝您願意這樣教導我的孩子，很抱歉，世翔讓老師費心了，還一整個學期都讓老師這麼頭痛。」爸爸首先說道，媽媽與民代也頻頻道歉緩頰。

「我也要謝謝您們是明理的家長，我們都是為了孩子好，有這樣的共識是最重要的。我相信世翔會因為這次事件獲得成長，也絕對相信他以後會變成一個更棒的人。」

「世翔，快跟老師道歉。」媽媽催促著說。

「謝謝老師，老師對不起。」世翔的表情從緊張僵硬，到這一刻反而是坦白後的緬腆開朗。

後來，世翔開始調整自己，上國文課時跟著做筆記，也會適時給予回應。我不知道他在其他課堂上是如何，但至少在上我的課時，展現了十足的誠意和努力，班上的學習風氣也更好了。

遇到不受教、但成績又沒話說的學生，我當然可以選擇像其他老師的作法，睜一隻眼閉一隻眼，多一事不如少一事，不會有人來指責你教導不力。但我不想違背自己進入教育界的初衷，也希望遇到難題，能勇敢面對而不是躲避。這一次我想自己是做到了身教，告訴學生「在成績之外，真正重要的價值」，而且班上的風氣也得到很大的改善！

離開前途似錦的資訊科，轉往美術系

老師如果只用成績衡量一切，就會失去聽到學生真實聲音的機會，學生的心聲藏在日常的細節裡，我們就是那個發掘他天賦的伯樂，帶領他在成績之外，創造自己獨一無二的成就。

選擇高職就讀的學生有兩種情況：一是非常清楚自己的喜好，所以一開始就展現極高的興趣；二是被迫坐在這裡的孩子，他們對科系的選擇源自父母的期待，提早進入自己不喜歡的領域，真是苦不堪言。

展華就是第二類型的孩子，他的父母覺得念資訊科很有前途，在選填志願的時候，便執意要孩子選填這個科系。進到學校後，展華的學習狀況不好，成績很差，但父母並不放棄，即使家境不好，仍勉強攢出一筆錢讓孩子額外補習，希望藉此改善他的學習情況。

展華內向乖巧，他不吵不鬧，甚至不玩遊戲，要他補習就補習，要他聽課就聽課，只是，過了一年，他越來越不快樂，越來越沉默，雖然每天按時照著父母的期望上課補習，但成績總是倒數。

我發現他在學習上缺乏動機，默默觀察他喜歡畫畫，課本和考卷的空白處都是滿滿塗鴉，便找他來詢問：「是不是課業遇到了什麼問題？」

展華這才吞吞吐吐地說：「我愛的是畫畫，資訊科的一切對我來說都很艱深、很痛苦。」

「那你為什麼不告訴爸媽？」

「他們覺得畫畫沒有前途，爸媽賺錢很辛苦，學美術很貴，我也不敢保證自己有才華，以後能靠畫畫生活。」

「你真的很喜歡畫畫嗎？」

「對，只有畫畫的時候讓我感到快樂，忘記時間，忘記一切。」他的眼睛突然亮起來，臉上出現一絲笑容。

「如果你真的很喜歡，那老師幫你跟爸媽說。」

後來展華跟我聊了許多，原來他老早就有想念的學校了。

＊＊＊

於是，在一年級下學期快結束時，我請爸爸來學校一趟。在諮商室裡，三個人面對面，展華顯得有點不安，但我還是決定直接切入重點。

我告訴爸爸：「展華其實不太喜歡資訊科，他非常喜歡畫畫。」

「我知道，他從小就非常喜歡，也經常畫個不停。」爸爸直接的回覆讓我心安，原來爸爸也不是完全沒發現展華的特質啊。

「我觀察他一年，發現他上課認真，下課也乖乖補習，但資訊的確不是他的興趣，也學得很辛苦；如果他想要轉學到復興美工，爸爸可以同意嗎？」我直接切入主題。

「念復興美工沒關係，」爸爸的爽快有點出乎意料：「可是我會擔心，他那麼安靜又不會介紹自己，我怕他以後靠美術會餓死，所以我跟他媽媽才努力讓他去學資訊，當工程師比較安定，個性內向也不是問題。」

聽完爸爸的話，知道他並不是非要孩子念資訊不可，只是擔心展華未來會辛苦。於是我說：「爸媽的考量沒有錯。如果一輩子要從事自己不喜歡的領域，會很辛苦；但是做自己喜歡的事，即使辛苦，也會樂在其中。如果他擅長畫畫也很喜歡，爸爸願意放下擔心，支持他去做嗎？」爸爸搓了搓手，想了想，然後點點頭。

接著，我告訴展華：「其實要支持你念美術是非常了不起的事，念美術很花錢，這對你們家來說是筆不小的開銷，你可以想見爸媽即將為此付出的努力。再來是，讓孩子念美術對大人而言，其實是非常擔心的事。其他人可以很輕鬆地跟你說：『去做你想做的事，做你自己就好。』因為他們不需為你的未來擔憂，只要簡單支持就可以了。但是身為父母，他們會一輩子擔心你過得好不好？會希望你過著更輕鬆快樂的生活。所以要支持孩子去讀美術，是非常大的愛和勇氣，你知道嗎？」

「我知道，謝謝老師，謝謝爸爸。」

說完，我要展華去抱抱爸爸，爸爸有點不好意思想推辭，但在他們生澀的擁抱中，我看到爸爸眼角閃著的淚光。

我繼續對展華說：「希望你記住此時此刻，我們三個坐在這個小房間的一切；也希望你記住今天爸爸對你的愛，他不論你的才華高低，都支持你念美術的決定。從現在開始，你就要改變人生的方向，要轉學去別的學校，不能當我的學生了。但我希望你不要忘記：**這世界沒有完美的選擇，就算做自己喜歡的事，也會遇到很多困難。未來當你遇到困難的時候，今天在這小房**

間的談話，以及我們對你的信任，希望都能變成你努力的力量，然後，你可以帶著這樣的力量和承諾，在未來有一天，成為你想成為的樣子，那個很有才華的藝術家！」

展華又笑又哭地點點頭。

＊＊＊

那一天，他們走出辦公室時，我看到展華如釋重負的神情，彷彿這是他最輕鬆快樂的一天；我也看到爸爸眼裡的安慰，知道爸爸即使擔憂，但仍然因為孩子找到方向而感到開心。

那一刻我也明白：**老師的責任不是站在家長與學生的中間指出雙方的對錯，而是成為家長和學生的橋梁，讓他們說出彼此的聲音，互相理解。**我也明白：老師如果只用成績衡量一切，就會失去聽到學生真實聲音的機會，學生的心聲藏在日常的細節裡，我們就是那個發掘他天賦的伯樂，帶領他在成績之外，創造自己獨一無二的成就。

後來，展華在美術領域過得非常開心，作品還獲得設計獎。

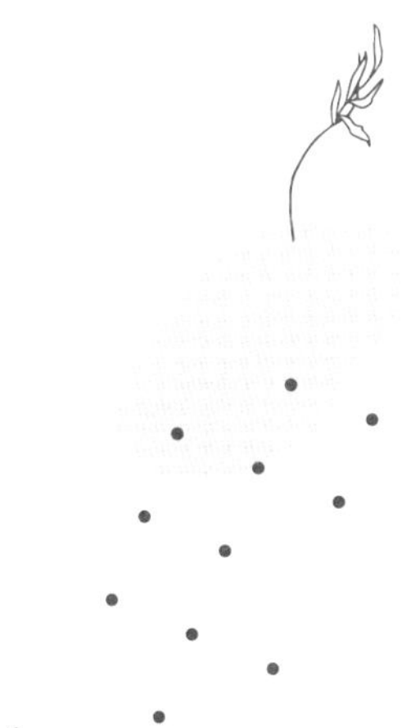

我願意代替大人向你道歉！

如果一杯咖啡、
一個真誠的心意可以拉回孩子的心，
那失去面子和尊嚴，
即使是默默幫別人道歉，又有什麼關係?!

好幾年前，帶過一個復學生，他因為與老師發生很大的衝突，最後選擇離開學校。在外面繞了一年，再次回來，他的性格還是很剛烈，外表看來也讓人畏懼三分。

來到我班上之前，聽說了他打老師、混幫派、嗆同學、蹺課等等事蹟，其他老師也都勸我小心，**但我不在乎，因為他是與我有緣的孩子，他是我未來要保護的人。**

第一次見面，他有著很大的防備，我問他：「過去一年都做了些什麼？接下來有什麼想法嗎？」這個孩子表情冷酷，完全不吭聲。

我要他既然回來了，就盡可能脫離休學時的朋友圈，也要改一下脾氣：「雖然發生事情時我並不認識你，但一時衝動造成這樣的結果，真的很可惜。接下來，我們一起重新開始吧！」

之後，我加了他的ＬＩＮＥ，周末常問他在做什麼，也陪著他和其他同學留校讀書，帶著他找到課業的動力，而他有時也會分享有趣的影片給我，過程中，我常感受到他看似狂放卻可愛真摯的一面，以及想變好的心。

一開始要全面調整作息、讀書態度跟朋友圈，對青春期的他而言，真的不容易，但漸漸地，他能夠開始讀書，下課問問題，甚至放學固定留校，這些轉變總讓我感到安慰。

只是開學沒多久，有一天在課堂上，他與老師又起了衝突。

我接到消息，匆匆趕到教室外，詢問事情發生經過，他說：「同學都犯一樣的錯，但老師每次只糾正我一個人，很不公平也很針對，老師就是對我有偏見，真的太過分了，我實在很想揍他。」

我拉著憤怒不已的學生，試著安撫：「老師如果特別糾正你，不要想成是『針對』而是『關心』，身為老師，如果真的放棄一個學生，是連糾正都覺得浪費力氣，他如果特別盯你，你可以轉念想成是期許，或是特別希望你變好。」

看他不置可否的表情，擔心舊事重演，讓他又回到原點，我拉著他的手急著說：「上次就是類似衝突讓你離開學校，現在我們好不容易重新開始，一定要學著控制情緒，你可以不同意他、不理他，但不需要跟他爭，這種爭沒有意義，跟老師爭都是兩敗俱傷，更大的可能是你得付出代價，況且老師的出發點或許不是你想的這樣。」

我苦口婆心，又急又擔心，而學生仍在氣憤的大風暴裡；我好說歹說不知過了多久，他終於同意不跟老師爭，讓我稍稍放了心。

只是第二天一早，我就接到他請假的訊息：「我還是覺得老師很過分，明明就是不公平，你都只幫自己人說話。今天我不想去學校了，而且之後那老師的課我都要請假，不然我一定會再跟他起衝突。」

「我知道你有委屈，可是逃避跟憤怒沒辦法解決問題，你可以選擇把自己的行為做好，然後不理他就好，這樣他就沒機會針對你，也不必犧牲你的受教權，你越不來就越代表跟老師的心結很深，最後只會更尷尬。」我趕忙回道。

「你不用勸我了啦！聽這些真的很煩。」他的語氣已經開始不耐。

「快來吧，不管多晚都要來學校。我們已經走那麼遠了，你現在這樣就是在走回頭路，你快來，不管多晚，我都等你。」**我知道只要一直跟學生說「不管多晚，我都等你」就會有效，因為這是在乎，也是堅持，我知道這可以帶來**

壓力和驅動力。

於是，我又重複傳了一次「不管多晚，我都等你」。

但得到的是已讀不回。

過了不久，我又再傳訊息給他，我不是愛疲勞轟炸的人，我只是怕學生做了錯誤選擇後，又重回原點。

好不容易，他終於要出門了。我跟他說：「等等快到學校時，先不要進校門，我會在校門口等你。」

「你要幹嘛？」

「總之，快到時跟我說就對了。」

對一個害怕學生又走回原路的老師來說，在辦公室等待的每一分鐘都無比漫長，過了不知多久，終於收到訊息，他出捷運站了。我趕緊拿著錢包狂奔到校門口，帶他來到星巴克。

他困惑不解：「你要幹嘛？幹嘛來星巴克？」

「不要問，點一杯最貴的飲料就對了。」我抬頭看著選單這麼說。

學生尷尬推辭，但熬不過我的堅持，最後我幫他點了一杯最貴的咖啡，當我把咖啡拿給他時，跟他說：

「老師可以體會你的感覺，這件事或許那個老師也有處理不好的地方，他或許知道，但不好意思承認，更難認錯，但也或許他根本不知道。

「我了解現在要你轉念很難，或許有一天你會明白大人的心意，也會慶幸自己沒有再做出錯誤決定。

「但不論你明不明白都沒關係，這杯咖啡就算是我幫那個老師請你的，**我代替大人向你道歉，希望你原諒這些事，放下這些恩怨，包容大人也有自己的侷限，不要因為這樣影響了自己。**我們好不容易走了這麼遠，我們要去更好的地方。」

「哎唷，這不關你的事，你幹嘛這樣……」學生看著我幾近哽咽地說著這些話，很意外也很尷尬。在孩子的世界，幾乎沒有大人會反省道歉。

「沒關係，答應我不要生氣了，不要再有這樣的情況了。」

說這些話的時候，其實我的心裡很難過，**站在大人與孩子的中間，我深刻**

知道大人的期待、權威，也理解孩子的悲傷、無助，但我的角色不是裁判，而是橋梁。

如果可以讓事情圓滿，就算不是我的錯，我也願意幫其他人道歉！

如果一杯咖啡、一個真誠的心意可以拉回孩子的心，那失去面子和尊嚴，即使是默默幫別人道歉，又有什麼關係？

之後，我帶他回到學校，又陪著他去跟老師道歉；私下，又另外找機會請那位老師喝咖啡，並將學生委屈的心情告訴對方：「學生有不懂事的地方，請老師多多包容，其實這個學生回來後改變很多，個性、人際或課業上都有很大進步；這次事件，他並不是故意要跟老師生氣，他只是覺得『老師都針對他』，我告訴他『那是因為老師特別在乎你，希望你變好』，或者『老師也有提醒其他人，只是你沒注意到』，但學生不太領情。我想這件事，一方面是他不太成熟，還不懂老師的用心，另一方面，還請老師幫我多鼓勵他好的表現，讓他感覺到大家的善意。不好意思，辛苦老師了，也感謝老師對班上的用心教導。」

「好的，謝謝陳老師居中協調，辛苦了。這樣我下次會多鼓勵他的，其實他回來後，我也很常鼓勵他，只是，他可能只記得我對他的糾正。」老師無奈地說。

「是啊，學生有時候會這樣，我知道老師對孩子們都很盡心盡力，辛苦您了。」

令人感到安慰的是在那之後，他再也沒有跟任何老師起衝突，個性也改變許多。

偶爾我會想起那些畢旅時，他與同學開心玩在一起的畫面，高三時，留校讀書、狂問問題的身影，以及他媽媽在對話時總是不斷為他道歉的心情，至今都深深烙印在我的心底。

特殊生是這世界的肉身菩薩

特殊生不該被視為負擔，
而是讓我學會用一種更謙卑的心情來照顧對待。
然而，我對特殊生的教育是：
老師的愛是懂你的特殊，但不讓你特殊！

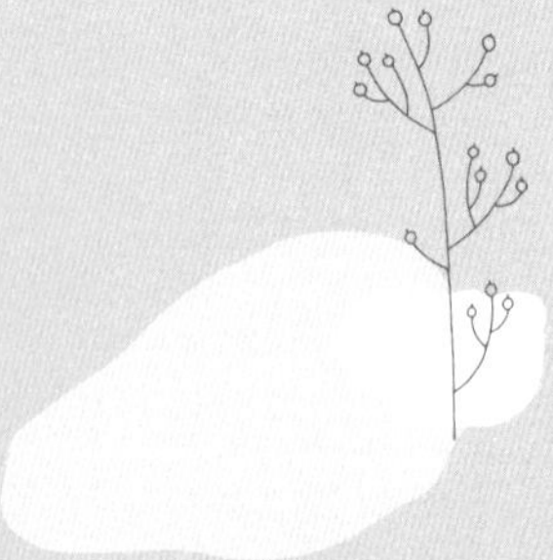

「學務處！學務處！陳老師，學生現在在學務處！」電話那頭幫忙安撫學生的老師，來不及細聽我的詢問，便著急地不斷喊著。

「對不起，我現在要監考，請幫我先安撫他，我監考完就立刻過去。」電話這頭的我也緊張不已。

五分鐘後就要模擬考，我急著向班上說明接下來可能遇到的狀況，要大家在待會同學進教室後，不要刺激他，也希望大家穩定自己，盡可能不受環境影響，好好專心考試。

我嚴肅而著急，一邊也用訊息關心情況。

＊＊＊

我的學生現在正在情緒崩潰邊緣，他平日溫順善良，但遇到「固著點」時就會崩潰爆炸。他非常介意自己「遲到」的行為，偏偏他是一個很難入睡、經常失眠的孩子。雖然我對他的情況非常了解，不在意他的失誤，總是安慰說：

「沒關係，老師也會犯錯，老師可以理解你的不小心失誤，沒有那麼嚴重。」但他依然會陷入「遲到SOP」裡。

只要一遲到，他就會大聲地斥責自己、打自己的頭、要求自己不准搭運輸工具（從台北到蘆洲跑步上下學）、並在周末逼自己跑二十一公里，這些對自己的懲罰不因氣候改變，不論寒流或大雷雨，他依然堅持必須如此。

高三了，或許課業壓力讓他更難入睡。昨天，他再次因為遲到暴走，一到學校就在我座位旁情緒激動地大罵自己，我要他看著我的眼睛，慢慢緩和情緒說話。與他磨合了這麼久，我總是不捨他的這套模式，試圖引導他其他作法和轉念思考，但他有他的固著，所以，我也逐漸找出處理方式——安撫、尊重他的作法，給予安全提醒，甚至給他跑步後的糧食補給當精神支柱，這才是最好的辦法。

於是，我在安撫後，從抽屜拿出一包能量飲，跟他說：「這給你跑完後喝，老師為你加油。」他雙手接過，深深一鞠躬，才終於回教室繼續上課。

＊＊＊

每天早上，我最擔心的就是這孩子的遲到，幸好他多半只遲到一天，第二天就會準時出現。

「老師，大晏還沒來。」沒想到，他今天再次遲到。這兩天是模擬考，他因此錯過了第一堂國文。

「媽媽，大晏現在還沒到學校喔。」我趕忙發訊息給家長。

「老師，他一早發現自己遲到後心情很激動，但八點四十分就已經出門了。」家長無奈表示。

我看看時鐘，現在已經十點，他還沒出現，到底去了哪裡呢？

過了約莫半小時，特教老師帶了我的寶貝上來，他看來依然情緒緊繃，口中唸唸有詞。我趕忙關心，但他卻越來越激動。

教室內，大家正在考第一次模考，我必須盡快讓他平靜，也得繼續監考。

於是，我帶他進到教室坐下，發下了考卷，跟他說：「遲到的問題我們等一下再說，現在同學在考試，你也必須考試，記得先做到保持安靜，不要影響其他人，我們先寫考卷。」他點點頭。

我回到講台環顧四周，看著其他孩子振筆疾書，也看著他眼神不定、唸唸有詞的樣子。眼淚突然就掉了下來……

＊＊＊

大學時，媽媽鼓勵我利用課餘時間，多多做些公益活動。當時我除了暑假到醫院當外科病房的義工，看到非常多因為車禍或生病開刀、外型幾乎人不像人的病人，讓我非常震撼之外，最大的影響，就是每周六到天母聖安娜之家服務的體會。

聖安娜之家是一個專門收留與照顧重度腦性麻痺患者的機構，也是我第一次接觸到重度腦性麻痺患者。

在此之前，我接觸的多是輕度腦麻患者，他們身體或顏面失調、走路歪斜、說話也不清楚，每次看到他們，我總是很心疼。

當我來到聖安娜之家，舉目所見是一個個躺在病床上蜷縮著身體的人們，他們的四肢扭曲在一起，眼神空洞，看起來年紀很小；但事實上，他們因為重度腦麻幾乎停止發育，外表看來是孩子，但實際年齡卻已經四、五十歲了，有些狀況好的還可以在地上爬行，狀況不好的則是終年躺在床上流口水。

他們因為沒有牙齒、無法咀嚼，一輩子吃的食物都是食物泥，而我們的工作就是在周六去幫忙餵食。

餵食的時候，會拿著一個裝滿稀飯的大碗，和一條很大的毛巾，餵進食物之後，患者因為不太能咀嚼吞嚥，便會將食物吐出來，這時候就要把吐出的稀飯再餵進去，並用毛巾幫他們擦口水。一來一往，一口口的稀飯餵完，常常都需要一兩個小時。

餵食過程中，我也會跟他們說話，每當他們對我笑時，我就覺得很有成就感，就更賣力跟他們說話。

可是事後，工作人員卻告訴我：「他們其實沒有意識，他們的笑不是笑，只是神經抽動。」

這個答案讓我很震撼，那時的我就想到佛家的「因果說」。

佛家因果相信「前世因，今世果」，相信「這輩子多行好事，下輩子就可以解脫超生」。

我想的是：「如果我們相信佛家因果，相信每個人透過這輩子努力都可以改變命運，那麼，眼前這群重度腦痲患者，他們從出生到死亡就是躺在這裡，他們可以在今生改變些什麼？他們這輩子來人世的意義又是什麼？」

＊　＊　＊

畢業後，雖然無法再如以往前往聖安娜之家當志工，但多年來，在那裡的記憶一直深深烙印在我心裡，這個問題也一直盤旋在我的生命中。

直到有一天，我看到宥勝的一段訪問，他提到自己前往印度的垂死之家當義工，當下也想到與我類似的問題，之後的某一天，他突然體會到：**這群天生**

有殘疾的人們就是這世界的肉身菩薩，他們用自身的殘缺來告訴我們：「生而健康、可思考、可改變的我們有多麼幸福，以及我們所擁有的一切是多麼值得感恩！」

後來，也有網友與我分享另一種說法，她說：**「讀過一個理論，特殊的孩子是幫我們承擔了大自然中必然的遺傳變化機率，所以我們要心存感激，成為他們的代言人，協助他們。」**

這兩種答案都讓我無比震撼，也無比安慰，之後，便以這樣的觀念擴及所遇到的一切。

* * *

在強調教育應普遍普及公平的現代，特殊生會被安置到班上，一個班級裡常常會有好幾個情緒、肢體或讀寫障礙的孩子。

這些孩子有時表達與眾不同，有時程度完全跟不上，還有身體的缺陷與辛苦，他們像是脆弱的幼苗，需要更多理解與照顧，也需要環境更友善的包容；只是，這些原本應該被保護的不同，卻常淪為被霸凌的下場，因為班級適應問題，有些老師不免對此感到不耐或心煩。

我也常因為這些孩子在班上，擔心自己處理不好與各種突發狀況而壓力沉重，可是，當我理解「特殊生是這世界的肉身菩薩」後，想法就改變了。

我想既然這是緣分，就代表上天認為我們有能力可以照顧他們。特殊生不該被視為負擔，而是讓我學會用一種更謙卑的心情來照顧對待；既然我們擁有比較多，就可以去付出更多，這才是上天給我們幸福健康的意義，也是人世的一切教導我們的道理。

於是，我把這樣的思考帶給學生：「特殊生的特殊不是他們願意的，如果可以，大家都想選擇跟『你們』一樣，可是命運如此，他們著實也非常辛苦。你們既然擁有這麼多，也能從對方身上體會這層道理，就該把你們擁有的一切用感恩知足的心回饋出來，他們需要你們的照顧，也需要你們的包容。

「你們的一切都是上天給予，應該感謝天，相信擁有的一切都有使命，而且憑什麼欺負那些天生就有缺陷的人。另一方面來說，**這世界每個人都不完美、都特殊、都需要被接納包容，誰又有權利去評斷別人的優劣呢？**」

* * *

特殊生是這世界的肉身菩薩，他讓我感恩，也讓我明白使命。

然而，我對特殊生的教育是：老師的愛是懂你的特殊，但不讓你特殊！因為知道除了爸媽之外，可以影響他、理解他的，或許就是老師了，離開學校教育，出社會後，就不一定有那麼多人可以給他耐心和等待。

所以，即便心中有包容，但引導他的標準如同其他學生一樣，是用「出社會後的處境」在進行教育思考。

當他行為脫序時，我會說：「想想看，如果你以後在外面因為這種狀況而大吼大叫，你的老闆能接受嗎？」「如果你以後見到老闆時，都說這些他聽不懂的話，你的老闆會有耐心理解你？還是覺得你沒在點上，可能因此要你滾蛋呢？」

我不斷提醒自己「愛他不只是理解他，還要幫助他進入社會，被其他人所愛」，不斷用更高視野帶領他看到這些行為的問題跟盲點，每個學期都設定不同的行為標準，並在每次脫序時嚴格制止。

一個學期又一個學期，這孩子雖然不像其他學生能夠立即就懂，常常會回到原點，但也逐漸改變。

當老師給出愛，孩子也能明白我們愛他的苦心，就會願意跟從老師的行為設定慢慢有了進步。班上雖然不免還是有缺乏同理、不夠成熟的孩子，但也有更多善良溫暖的心靈。

教育不是選擇你想要教的對象，而是想辦法把你不想教的對象變成一個可教的人。

生命是如此無常短暫，我們應該用愛給別人更多包容和溫暖。

為什麼我要原諒你？

身為大人，身為老師，不該只是對欺侮弱小的行為嘆氣，
而是在當下就拿出勇氣教導，挺身而出去守護弱勢的學生，
用身教告訴學生：要把聰明用在守護弱勢，讓世界更美好上！

今天放學時，聰明靈活的義鈞故意去激怒反應比較慢的維德，他用一句維德最在乎的話，瞬間就讓他暴跳如雷，在教室不顧一切地狂追。

耳聞他們班這類事件已經很多次，上次還因為類似情況推倒了桌椅，讓任課老師受了傷。

只見義鈞飛快跑著並鎖上門，生氣的維德臉頰緊貼著玻璃卻不得其門而入，其他同學則在一旁看著、笑鬧著；也有同學溫柔提醒我快走，因為一場打架可能就要發生。

僵持了好一會兒，最後維德開了窗戶勉強爬進來，義鈞則是快跑到教室後面氣定神閒看著。這時，再次進教室的維德已經不想追究，一場可能的打架也就默默結束了。

我從頭到尾冷靜看著他們，預備在衝突的當下，要立刻當那個澆冰桶的人，但最終火爆場面沒有上演，教了一天課已疲累不堪的我也就離開了。

但在回到辦公室的十分鐘路程裡，維德緊貼窗戶時那生氣又無奈的表情卻不斷在我眼前反覆出現……

「剛剛應該站出來要求義鈞道歉的，應該要主持公道。」我這麼想著，決定星期五上課時把這件事提出來說一下。

雖然這個班類似事件層出不窮，我不是導師，也只可能影響冰山一角，但我覺得自己既然看到了，就要負起責任。一想到這裡，突然覺得要等到星期五，實在太久了。

於是，我拿了一個麵包匆匆趕回班上，學生都已走散，我心急如焚。

幸好一進門，他們都在。我看到依然嬉鬧的學生們，看到坐在椅子上若無其事滑手機的義鈞，和正在乖乖打掃的維德。

我過去叫起義鈞：「你剛剛這樣不對，你現在應該跟維德道歉。」我的態度認真嚴肅，不容置疑。

大概是震於我的威嚴，義鈞輕軟含糊地說了聲「抱歉」，但我覺得不夠誠懇，要他站起來、看著對方，再道歉一次。這次，他的態度總算比較有誠意。

維德趕忙說：「沒關係，沒事，我們常這樣。」

「你接受他的道歉沒關係，老師覺得他應該要道歉。我也要跟你說『對不起』，我剛剛應該留下來立刻處理的，幸好你們還沒走。」然後，我把麵包給了維德。

接著我把義鈞帶到外面，告訴他：「你知道維德是什麼情況嗎？」

「知道，他有一點點學習障礙。」義鈞低著頭。

「你是非常聰明的學生，從你日常的表現和反應都可以感覺出來，可是你剛剛卻用你的聰明欺負別人，讓我覺得非常難過。我看著維德追不上你，還被你關在門外，最後硬是爬窗戶狼狽進來，然後全班同學都在笑。讓我覺得很心酸、很難過。

「你可以想像一下：如果今天他的爸媽看到這些過程，看著自己的孩子被這樣欺負，心裡會有多難過？就算開玩笑，就算是平常的惡作劇，也不該這樣，太傷人了！

「然後，你那麼聰明，在我的課堂上多少次表現需要改進，我都原諒你、耐心教導你。你還曾經問說：『為什麼你要原諒我？』記得嗎？」義鈞點點頭，我繼續說：「我給的這些包容是因為，我是用愛在期許你成為一個更好的人，希望你能把聰明用在對的地方，知道嗎？」

義鈞再次點頭，我拍拍他的肩膀，然後回到班上，並提醒維德記得吃麵包。離開教室的時候，其他學生也在，我不知道他們從旁看到這一幕，能不能學到什麼，會不會再犯？

但我知道，身為大人，身為老師，不該只是對他們的行為嘆氣，而是在當下就拿出勇氣教導，挺身而出去守護弱勢的學生，用身教告訴學生：要把聰明用在守護弱勢，讓世界更美好上！就像我最後語重心長地對義鈞說：「這才是上天讓你這麼聰明的意義！」

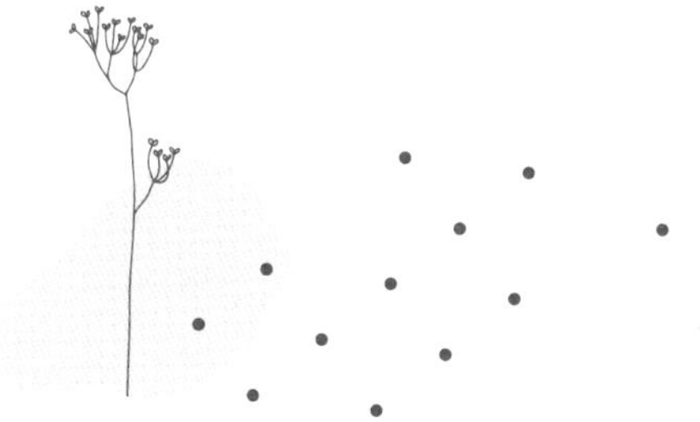

只要我「不喜歡」，沒什麼不可以？

我們永遠不要因為某些人的錯誤，
逼自己離開對的事，甚至活在那些人的陰影裡。

那天，一位公認是全校最熱血認真的老師被請進了校長室。

校長的桌上收拾得很乾淨，1999的投訴單就這樣放在桌上，格外驚悚。

現在的學生越來越嬌，也越來越直接，從以前投訴蘋果日報，到現在直接在學校「靠北板」上恐嚇痛罵，更甚者是利用市民專線1999。

在通訊越來越發達的現在，在政府便利人民的同時，其實也默默助長了某些不當的偏激。

打1999可以不負責任，投訴者的姓名資料全部被保護，被投訴的老師往往是事發一段時間後，突然被叫到校長室才知道自己被投訴了。

「江老師，學生控訴你不當管教，說你×年×月×日時……」校長嚴肅認真看著驚恐的老師問道。

「啊？我沒有不當管教，那一天是星期幾？讓我回想一下……」被無端控訴的老師努力回想當日細節，錯愕、驚訝、受傷與難堪，經常讓他們嚇出淚來。

什麼老師會被投訴？答案是「越認真、越嚴格的老師越容易被學生投訴」。可能是作業沒交，要求學生留下來罰寫，或是為了班風，有些必須的要求。

被投訴的理由千奇百怪，但根本原因只有一個，那就是「學生不領情你的管教」，只要他不喜歡，他就投訴你。更過分的是，有些學生的投訴跟報章雜誌一樣，胡亂指控，只為報復老師（等等）。

我不願在此多做舉例，因為害怕有不懂事的孩子以此為例，延伸更多問題。

但我更想說的是：不論這些投訴虛假報復的成分有幾分，它都已經嚴重傷害一個老師對班級、人性的信任，也嚴重打擊教學的熱情。

那一天，走出校長辦公室的江老師就此陷入嚴重憂鬱，她不敢跟同事說起被投訴的事，深怕別人認為她是問題教師；她進入每一班教室前更是不自覺發抖，因為她看著每個學生都分不清誰是幕後黑手。

「他們看起來依然一派純真，學生不正是最純真的年紀嗎？」江老師看著笑容燦爛、說話稚氣的學生們，心裡百般惶恐。

「算了，別再要求他們了，才不會又被投訴。放寬標準，何必自取其辱呢？」她在每個該管教的當下，都提醒自己不要再受傷了。

學生課堂上的應對和玩笑，現在看來都變得真假難辨，學生在她心中再也不純真了，他們像披著羊皮的鬼，他們的邪惡有時候不輸給大人，他們讓人猝不及防，他們讓一個大人徹底崩潰！

江老師還得寫自述表回覆１９９９，說明自己教學有多認真，是怎樣的心情、心意，可是寫得越多，就越覺得失望不堪。

一個月後，江老師向人事室遞出辭呈，她說：「我離開這間學校，就是送給學生最好也是最後的禮物。」

在尊嚴之下，那些辛苦考上教師的十年歷程早已變得諷刺；那些熱血熱情，所謂「好老師」的責任與原則，只讓她更加懷疑人生。

江老師偷偷在周末到辦公室把位置收拾乾淨，同事都來不及跟她道別，她就悄然消失了。

之後，江老師放棄再去考其他學校，放棄成為老師，更放棄了看待光明的能力。

這世界因此失去了一名認真用心的老師，以及多了更多不敢認真用心的老師，和慶幸不必認真用心的老師。

這是學生霸凌老師的故事，真的是霸凌！

＊＊＊

這年頭混的老師輕鬆過日子，認真的老師反而被討厭，甚至被迫離開，教育到底怎麼了？

學生面對管教可以選擇不支持，但再怎麼樣，都不應該用極端的方式傷人，甚至讓人覺得心機、城府很深。這真是我們所認識的中學生嗎？這真的是我們一直在努力的教育嗎？

當孩子出現「不喜歡老師這個人或老師的管教方式」時，他們不會用另一種正面思考來面對，而是用投訴或中傷方式逼迫老師走；我不知道，家長是否在這時候了解了這樣的情況，適時出面教導或阻止，還是一面倒讓孩子提早社會化、變得更尖銳？

我覺得非常難過，因為很多認真的老師用非常多心思培養與約束孩子，或許一個班的大部分學生都能懂、願意配合跟上；但不願跟著走、不願被約束管教的孩子，卻可能採取極端作法直接投訴，逼得老師在心灰意冷下離開崗位。

如果教育環境是這個樣子，那只是教會我們「別人家的孩子，少管一點」？只是教會我們「只要我『不喜歡』，沒什麼不可以」？這世界只會越來越少善良真誠、無畏又努力的心，只會更多自我保護、受傷、極端、攻擊的人。

如果孩子對老師的教育方式不認同，或是學生對班上其他老師不肯定，家長和其他老師怎麼教育，真的很重要。

＊＊＊

面對學生告訴我「不喜歡某些老師」時，我總是要他們「拉高層級思考」，要學生試想：「如果你不喜歡的老師是你未來公司的長官，而你的工作能力還不足以跳槽或超越他，那你會如何看待？」

我相信百分之九十的人都願意為了工作，先暫時忍耐，並試著努力理解、接受，甚至想辦法積極地生存下去。

生命中，不會每個出現的人都是你喜歡的，就算是你超級喜歡的，也一定有你看不慣的地方，這是正常，也是對每個人基本該有的包容和尊重。

「我是學生，所以我可以任性地去否定、討厭，甚至霸凌老師。」這只是沒有建設性的不成熟。因為孩子只會在這些情緒和作法裡，學會了「順我者昌，逆我者亡」的自大思考，但這世界永遠不會有人符合你的想像，用對抗的方式處理那些不順你意，只會變得更加極端，最後，造成了別人強大創傷的同時，到底對你的本性又有什麼改變呢？

「不喜歡，就大哭大鬧」是幼稚園孩子的作法；中學生是大人之路的預備生，在這樣的轉變期中，可以選擇走回幼稚的路，也可以在各種試煉中，選擇蛻變為更成熟的大人。

期待學生能夠從中學生的層級拉高到「大人、上班族」的成熟，是教他們試著思考——

一、不喜歡的老師就是我的主管，討厭的規矩就是公司的制度，而我迫切需要這份工作，我走不了。所以，抱怨沒有用。

二、我或許不喜歡，但如果我能從中生存，我就會強大。

三、這個主管和制度或許也有優點，可以讓我學習跟成長。

就能從批評的情緒，走向正面接受和思考應對方法。

事實上，這樣的思考轉念，就算用在「爸媽不如我意」也是一樣。

「沒有完美的爸媽」，你也不是「完美的小孩」；「沒有完美的老師」，你也不是「完美的學生」。沒有「**完美的任何人事物**」，只有「**需要學習接受不完美的我們**」，**而接受的方法只在於「你如何看待」**。

人性本惰！倘若能帶領學生轉念思考：把認真要求的老師，視為協助改變惰性的貴人；把嚴格督促的爸媽，視為人生的教練與推手。那麼會發現：當身邊有這樣的人出現，是多麼珍貴又難得的事！

這世界不存在「完美」，因為人性會有各種不完美的缺憾和可怕，但我們應該永遠選擇當良善的人，用正向的態度面對那些不順意，用溫和的方式溝通我們的不理解。而不是從新聞裡學到暴力與攻擊，學到那些惡意。

你相信什麼，就會成為什麼；你用什麼態度面對眼前的一切，就會造就出最終的格局。或許邪惡很多，但正向善良的力量永遠是帶領一個人前進最好的力量！

＊ ＊ ＊

最後，我想跟那些認真又受傷的老師說：「辛苦了！」（抱）

我不是一個愛舔傷自憐的人，不喜歡強調生命裡出現的莫名災難，但我也曾被學生用可怕的方式攻擊過，也曾因此莫名哭泣好幾個月，對學生充滿不信任，對教育充滿無力與悲傷。

可是，每當面對這些情況，我永遠選擇去看那些理解我、懂我的孩子們，善解與包容那些還不夠成熟的一切，並努力視挫折為使我強大的考驗。

我們永遠不要因為某些人的錯誤，逼自己離開對的事，甚至活在那些人的陰影裡。或許我們有很多地方需要調整（我也是，永遠在調整學習），但我們本質裡的善良與認真，不要因為錯誤的人或事，就此放棄。

不成熟的孩子聽不懂、不願意跟著走，就當是他們的「命」，未來讓社會去教他們就好了。

但我們永遠不要放棄成為一個好老師，不要放棄我們站在台上的每一分鐘、放棄理念和價值，更不要因為一個人全盤否定自己！

你只罵他「怎麼那麼壞？」
卻沒問他「怎麼變壞的？」

我在這件事情中，深刻反省自己的偏見與不周全：
我們習慣用自己的經驗去解釋對方的行為，
總想趕緊解決當下的問題，卻沒有細心去追究問題的源頭。

每當那些加害者來到我面前，我總是不懂：「為什麼他下得了這樣的毒手？」「『己所不欲，勿施於人』不是從小就有的常識？」「過自己的日子就好，為什麼非得要弄別人？為什麼就是要跟別人過不去？硬要惹是生非呢？」

這些基本的人性問題有時真讓人不知從何教起？為什麼總有人喜歡霸凌別人？喜歡這種不斷進出學務處、輔導室的生活，而毫不厭倦呢？

＊＊＊

「你怎麼這麼壞？他又沒弄到你，為什麼要這樣對他？」看著一旁哭得抽抽噎噎的寶弟，教官對小華氣急敗壞地責問道。

「我根本沒弄他，我只是走過去不小心撞到他而已。他也太小題大作了吧？」

「不小心？不小心就可以把人弄成嘴唇流血。你會不會也太不小心了？別人如果把你弄成這樣，也跟你說不小心，你會怎麼想？我不相信你會善罷干休？」看著一臉不在乎也根本沒在反省的小華，教官怒火中燒吼著，聲音大到讓大家都退避三舍，但小華依然一臉無所謂。

「好啦，對不起嘛，寶弟，我真的是不小心的。」小華站成三七步，對寶弟漫不經心說著。

寶弟一臉委屈又不敢追究地輕輕點頭。

「教官～～寶弟都點頭了，我可以走了吧。」小華邊說邊跟旁邊的同學擠眉弄眼，他們趁教官不注意的時候還偷笑了一下。

「我跟你說，我不接受『不小心』這種說法，如果大家把任何傷害都解釋成不小心，那會有多少人無辜受害？你到這年紀，就該『小心』一點，下次你再說不小心，我不會原諒你。」教官氣到想把小華的脖子扭斷，但又無可奈何。

其實，大家都知道小華是故意的。據目擊同學的描述：明明操場這麼大，根本沒有人，但小華故意從後方跑過來往寶弟身上撞了一下，寶弟沒料到後方有人，直接跌倒在地上，牙齒咬到嘴唇，因此血流不止。小華看到寶弟跌倒，不僅沒攙扶，還一副「唉唷，你幹嘛擋我的路」的表情，堅持不肯道歉，其他同學氣不過才告到教官這來的。

那一撞，明明是有意的，但小華堅持他是「不小心」，教官也拿他沒轍。

眾人替寶弟不平，也覺得用「不小心」就輕易撇清責任實在太狡猾，但小華是慣犯，是校園惡霸，他經常如此，大家心裡有數，也只能逃遠一點，其實莫可奈何。

＊＊＊

校園裡，一起又一起的霸凌事件，讓人見怪不怪。

有些是冤冤相報，有些則是莫名其妙。

那天，又有人來告狀。

「老師，我的課本不知道被誰亂畫，我可以跟你買新課本嗎？」

「畫得很嚴重嗎？我看看。」

小張把被寫滿「幹」的課本給我看，結果裡面不僅寫滿髒話，還畫了男性生殖器。我翻了幾頁就覺得不舒服，小張已是滿臉通紅。

「有看到是誰做的嗎？你們平常會拿同學的課本亂畫嗎？」

「其他同學都不會做這種事，但最近小華常常笑我是『婊子』，我一開始都忍耐不理他，可是他越來越過分，也越喊越大聲，有次我就回他：『你才婊子，沒水準。』他那時聽完也沒理我，可是過幾天後，我的課本就變這樣了。」

小張雖然是男生，但氣質比較陰柔，說話聲音也比較小，有時會遇到這種惡意嘲笑的同學。但，課本被畫成這樣，還寫滿髒話，實在太令人難以忍受了。我也猜想可能就是小華做的，便把小華叫來。

＊＊＊

「老師～～～你找我幹嘛？我～又～怎～麼～了？」小華故意拉長音量，

一出現就是一臉不耐煩的模樣。

我攤開小張的課本，問道：「同學看到你跟小張起衝突，看到你罵他『婊子』，我查過字跡，想確認這課本是不是你寫跟畫的？」

「是啊。」小華乾脆利落，直接的坦白令我震驚。

「他沒惹你，你為什麼要這麼做？他是男生，『婊子』是侮辱女性的用語，你這樣罵他很缺德，也傷人自尊；可是，你不但不認錯，竟然還在別人課本上亂寫亂畫，更是要不得，你實在太過分了。」

「他是沒惹我啦～～」小華又擺出那種不在乎的表情。

「既然沒惹你，為什麼要這樣？」

「就看他不順眼啊，他實在太娘了，我只是激發他man一點而已，他說不定還得謝謝我咧～」

「還強詞奪理！那我問你，如果今天換成你被別人這樣罵、這樣畫、這樣寫，你會怎麼做？」

「我會檢討我自己啊！」小華仍然一副吊兒郎當。

「檢討自己什麼?我的意思是:你像小張一樣根本沒做錯什麼,只是生來比較柔弱一點,別人就對你的外表攻擊,不懷善意。你難道不會因此覺得委屈、受傷嗎?」我試圖帶小華同理小張的感受。

「總之,我不會像他那麼弱啦!他只會告老師,還會什麼?」小華一臉鄙夷。

「看來你並不覺得自己有錯,你知道你這種行為,學校是可以記大過的嗎?」

「記就記,我又不在乎多一個過,老師你覺得難處理,就記大過吧。然後,沒事的話,我可以離開了嗎?」

小華沒等我回應就走人了,我既生氣又無言,充滿疑惑地看著他的背影,心想:「這孩子到底怎麼了?」

＊＊＊

小華到處欺負同學已經不是新鮮事，他毫不反省，也絲毫不怕任何懲處和責罵；當然也不在乎別人是否喜歡他，如何評價他。

沒有朋友，老師反感，教官頭痛，輔導無效，校方也拿他沒辦法，生活既沒目標又沒方向，唯一樂趣就是以捉弄同學為樂，面對這樣一個學生，最終只能反過來勸其他學生能避則避，能防就防。

小華的爸媽在他很小的時候就離婚，他雖然判給了爸爸，但爸爸幾乎很少回家，對媽媽的回憶也很薄弱。小華跟著爺爺、奶奶、大伯一家過生活，大伯有三個孩子，年紀跟他相仿，雖然大伯待他如親兒子，但他始終有寄人籬下的感覺。

那天放學，有其他老師在學校附近的公園看到小華，他跟另一群穿著便服的孩子在一起。

第二天，那位老師立刻跑來跟我說：「我昨天看到小華跟一群校外孩子混在一起，基於關心跟好奇，我就假裝等人，邊滑手機邊觀察，怕他們要惹什麼事。」

「謝謝你關心小華，跟他在一起的那群孩子看起來是什麼感覺？」我擔心問道。

「那群孩子看起來都沒有上學，氣質和一般學生差距很大，他們大聲嬉鬧、抽煙，也罵髒話，但你們班小華在裡面看來很像小嘍嘍，跟平常在學校『天不怕，地不怕』的樣子差很大，他乖乖站在旁邊都不敢笑，也不太說話。我其實不敢看太久，但我覺得你可能要留意一下小華的交友狀況。」

「好，謝謝你。我會注意的。」

我急忙找小華來，問他這件事，也詢問他的交友情況，以及「是不是有加入幫派?有沒有什麼需要老師幫忙的地方」？還跟他說：「如果沒辦法拒絕這群朋友，可以拿老師當擋箭牌。」

小華聽了只覺得好笑，他始終擺出一種「你很囉唆又大驚小怪、沒見過世面」的表情，只差「關你屁事」沒說出口。

不久後的某一天，小華遲遲沒到學校，正當我著急等待之際，校方卻接獲通知：小華在外因為涉嫌聚眾滋事，被警察抓到派出所，現在正在等家長陪同做筆錄、領回。

我收到消息後，趕緊和教官一起前往警局。

＊＊＊

到了警局，我看到一群孩子正在嬉鬧，小華卻很安靜坐在一角。這是我第一次見到他如此心神不寧的樣子，忍不住也跟著擔心起來。

過了不久，小華的爸爸、爺爺和大伯都匆匆趕來了。正當我想要上前打招呼，想等會兒好好跟他們談談小華的情況時，小華的爸爸就直接衝到小華面前，給了他重重的一巴掌。

小華一臉震驚，還來不及反應，爸爸接著又是一陣拳打腳踢，一邊叫罵著：「幹，沒出息的孩子，生你這個孩子做什麼？你就是只會找麻煩，沒用的孩子，只會丟我的臉！幹，幹你娘！都是你那個婊子媽才會生出你這種兒子……」

爸爸不斷咒罵小華，爺爺和大伯雖然在一旁勸解著，也抵不過爸爸的怒氣，那些咒罵和搥打一次比一次重，每一句話、每一拳都像是往死裡打，毫不留情，也毫無感情。小華咬著牙、惡狠狠瞪著爸爸，卻沒有任何反擊，他任憑爸爸瘋狂地發洩，直到他再也挺不住，痛到倒在地上為止。

原本在一旁嬉鬧的其他孩子都驚訝得不敢說話，警察連忙上來一起拉住爸爸，才終結了這場暴力。

目睹這一切的我又驚嚇又不捨地偷偷哭了出來，此時，爺爺已累得癱坐一旁，剩下大伯和教官趕忙去照看小華的傷勢。

爸爸在警察的制止下雖然停止了揮拳，但嘴裡依然不斷咒罵著：「婊子生的兒子就是敗類，不知誰的種，成天只會找麻煩，你們就把他關起來。他這種孩子就是要關才會乖，不然也是變成社會敗類，成天只會花錢，找我麻煩！幹，衰死了！生你這種『了尾啊仔』，幹，幹你娘……」

警局裡都是爸爸的咒罵聲，小華瑟縮在大伯身旁看著爸爸，那種眼神是我第一次看到，充滿了無盡的屈辱、自卑與矛盾。

就在爸爸的咒罵聲終於越來越小的時候，小華卻突然站起來，對著爸爸大吼道：「幹，你夠了沒？是誰找他來的？為什麼要找他來？」

「他是你爸爸，發生這種事，警察當然要通報他來。」大伯連忙緩頰。

「你是我爸？你這種人也配當爸爸嗎？你有多久沒看到我了？你每次見到我只會罵我『為什麼那麼壞？』你恨媽媽也恨我，永遠只會說我是『婊子生的』，說我給你帶來麻煩，說我讓你丟臉，還會說什麼？你是不是很討厭我？你如果討厭我，為什麼當初跟媽媽離婚時，還堅持要我跟著你？你跟媽媽如果都不要我，為什麼不直接把我丟去孤兒院？為什麼要把我生在這個世界上，然後又討厭我、不理我，還只會拿我當出氣筒？你以為我很快樂嗎？你以為我喜歡做這些事嗎？你問我『為什麼那麼壞』的時候，為什麼不問我『怎麼變壞的』？我明明以前很乖的，我變壞，都是你們造成的！」

小華聲嘶力竭地哭吼著，這是我認識他以來，看過他最在乎的在乎；我看著他從惡狠狠瞪著爸爸，到極盡絕望的悲泣，我想著他才十六歲，可他已經覺得自己根本不該來到這世界，在他滿不在乎的外表下其實活得很孤獨，他其實已經不被愛很久很久了。

雖然他有得到我的愛，得到大伯、爺爺、奶奶的愛，可是爸爸、媽媽的愛缺席了，甚至在爸爸嘴裡他是如此不堪的存在，更不知道消失的媽媽是如何看待他的。

這些無奈與痛楚，要一個十六歲的孩子如何承受？

那一刻，我深刻理解到：霸凌者也可能是被霸凌者，他們不是沒有同理心，他們不是不懂得過安穩平靜的日子，他們只是連平靜的能力都失去，只是痛苦得不知如何是好而已。

在每一個可惡背後，都有一個可悲的過去。當你停在表象，批評那些可惡的時候，就有可能也成為霸凌的加害者，繼續給霸凌者貼標籤，否定他的存在。

或許，身為老師的責任，就是努力挖掘出那個傷口，幫他止血，給他敷藥，帶他新生。

我也在這件事情中，深刻反省自己的偏見與不周全：我們習慣用自己的經驗去解釋對方的行為，總想趕緊解決當下的問題，卻沒有細心去追究問題的源頭；當我們急著罵對方「怎麼那麼壞？」的同時，也要去細想對方「怎麼變壞的」？

「他不是故意那麼壞的，只是因為沒有得到愛與自尊而慢慢變壞；雖然我們無法代替他的爸媽，但我們給他的溫暖至少可以讓他止血，可以讓他不再壞下去。」後來我對認識小華的師長說明他的情況並這麼說。

但願我們都有這樣的智慧，體察人心的黑暗面，並把愛和自尊還給每個孩子。

我無欲無求，每天只要打電動就好了，又有什麼問題呢？

人最終的自信都不在外界肯定，外界肯定如果建立在表面或物質，就像空中樓閣，不堪一擊。

那年，教到了一個皮膚白晰，眼神靈動的孩子。他的成績倒數，對班級事務不積極，但同儕很尊崇他，因為學生說：「成憲遊戲超強，等級很高，一下子就能夠打到別人到不了的級數。」成憲在魔獸世界稱霸。

身為導師，對學生行為有糾正之責，對學生成績也有引導之任。

玩線上遊戲是趨勢，我讚賞成憲的聰明，但對於他在學校對任何事都不積極的態度，還是覺得可惜，尤其班上的其他學生在二下幾乎已經調整得差不多，大家都有一定自律，我們即將開跑，我也希望成憲趕緊跟上。

然而，找了成憲談話多次，卻沒什麼太大影響，他多半聽聽不表意見，之後還是上課睡覺，態度鬆散，晚上繼續魔獸爭霸。

成憲是單親家庭，母親多在國外，他與親戚同住，但幾乎一切自理，家裡也沒辦法有太大的督促力量。

正當我心急如焚時，成憲卻突然跟我說：「我想休學了。」

「為什麼要休學？」

「我覺得來上課沒什麼意義，反正每天來學校也是睡覺，不如待在家就好。」

「現在是你的重要階段，一旦中斷，要再回來得花很多力氣，有時候，有些學生甚至就不回來了。」

「我知道啊，可是無所謂。」他聳聳肩說道。

「同學都說你遊戲很厲害，代表你很聰明，老師也可以感覺到你的聰明；你只要努力一點點，就會比其他同學輕鬆取得高分，對未來會有幫助。」我極力勸導他。

「誰跟你說我需要一個很厲害的未來了?我對我的人生沒有任何追求，只要不餓死就好。像是去當超商店員，賺取基本薪水，然後剩下時間就都拿來打電動，對我來說就很足夠。」

「有一天，你長大後會想成家立業，想要結婚生子，情感有歸屬也是人生的幸福。以你現在這樣的思考，接下來或許不容易達成這個目標喔。」

「誰又跟你說成家立業是我的目標了?我並不想結婚生子，我連女朋友都不想交，一個人悠閒自在地過，有什麼不好嗎?」

一向溫和不太說話的成憲，此刻拋出的答案似乎也沒錯，讓身為師長的我一時啞口無言。

「好，的確這思考跟其他人很不同，老師只是覺得可惜，但也不能反駁說這是錯的。但這畢竟是大決定，你媽媽知道嗎？家人支持嗎？」

「媽媽當然無法接受，她跟我說她要從日本回來，可是任何人都改變不了我的。我想清楚了，這就是我要的生活。」

「好，沒關係，那等你媽媽回來，我們再一起談。」

＊＊＊

成憲的母親聽到消息立刻拋下工作，趕忙回國。我約他們到敦南誠品的咖啡館，除了讓三方一起談話溝通外，也想帶著學生找找合適的書籍，解開他人生的迷惘。

兩個多小時的過程中，成憲的母親一直不解地問：「你為什麼一定要這樣？為什麼不能跟其他人一樣？你要玩遊戲回家再玩就好了，我可以不管你，可是你不應該玩到想休學，這我無法接受。」

成憲面對媽媽一連串的逼問，眼神放空，不發一語。

我想成憲究竟是不了解社會生活的辛苦，既然不念書了，至少去打工，確認自己想要的人生，也是很重要的收穫。

因此，我要成憲向媽媽承諾：「休學後，不要辜負媽媽的包容，去打工賺錢，為自己負責喔？」

但他依然安靜，僅微微點頭。

我期待藉由這次談話改變或確認些什麼，但成憲像是住在電玩堡壘中的孩子，完全隔絕了外界的一切；成憲的母親長年不在孩子身旁，雖然提供無虞的經濟條件，也常越洋表達關心，但沒有朝夕相處的母子情，終究在重要時刻失去了拉力；而我身為導師即使不捨，也只能努力影響他在校的時間，下課後的學生就像斷了線的風箏，他們要飄向哪裡，都是未知數。

我們三人走出誠品時，問題依然無解，一時無語，各自沉重。

成憲休學了，成憲的母親必須返回日本繼續工作，成憲與我斷了聯絡。

雖然休學前，成憲的母親說：「如果要休學，就自己賺生活費，我不會給你任何協助。」但或許是補償心態，或許是捨不得，最終，成憲的母親依然提供相同的物質享受。

他沒有去打工，成天在家過著自由、簡單、無欲無求、日夜顛倒，只有電動的生活。

斷聯的日子裡，我想像成憲現在得償所願，應該過得很爽、很快樂吧？這應該是很多學生共同的願望，說不定連大人都很羨慕？

可是，一年後，成憲回到學校，卻得了重度憂鬱症。

「你知道嗎？他來到我的班時，皮膚超白，眼神超空洞的，然後上課都在睡，也沒有讀書，就是整天睡覺、放空、不跟任何人講話。有一天，我在體育課時，到活動中心找他談話，他冷冷地告訴我：『現在什麼都不想要，過得很痛苦。』說完竟然就想跳下去。我嚇死了，急忙拉住他，大罵他：『你幹什麼？』」

成憲後來的導師轉述了他回到學校的過程，我聽了充滿疑惑，每天吃飽睡、睡飽玩的人生不是夢寐以求，為什麼憂鬱？有什麼痛苦？

後來我讀到心理學中「馬斯洛層次需求理論」，了解人活在世上有五個層次的追求，從最基本的「生理、安全、社交」需求，到需要被尊重的「精神」追求，最終第五層是每個人都期待達成「自我實現」，感覺自己的潛能被發揮，明白自己來到世界有其意義，也就是「自我認同」與「價值感」。

一個什麼都不缺的富二代、一個每天無欲無求，只要打電動的孩子，為什麼最終會走向憂鬱？

原因是這些**外在享受終究會疲乏，人內在都需要「真實的快樂」來填補，那種快樂來自「歸屬」，更來自「覺得自己的生命有意義，自己的潛能在發揮」**。

人最終的自信都不在外界肯定，外界肯定如果建立在表面或物質，就像空中樓閣，不堪一擊。

真正的自信必須發自內心才有力量，打電動、畫畫、打籃球、成為想成為的人，這些都能建立自信，然而，關鍵在於「那些自信是否真實？是否超越一般人，能讓自己感到自我實現、潛能發揮、獲得意義」？

成憲憂鬱的**另一原因來自於安全與社交的需求沒被滿足，遙遠的母親，沒人能給予關心陪伴的家庭，都讓成憲逐漸失去情感歸屬，就像沒有得到陽光的花草，即使不斷澆水，最終只是腐敗。**

但成憲終究是成憲，只要根不死，花草終究可以重生。

後來的日子裡，成憲努力從零開始，從要求「上課不能睡覺、慢慢聽點課、與同學有互動」開始，從生活作息中一點點做出改變，他花了一段時間找回課業的信心，也轉移了生活的重心，最終，一年後，他考上了國立大學，超勵志、超聰明，也讓我超感動。

畢業後成憲也會一起參加同學會，雖然話不多，可是看著他和同學笑著聊著，我心想：「還好，他回來了！」

前三名的作弊生只能放生？

我不知道他畢業後的情況如何？
進到更殘酷的社會，是得到了教訓，改邪歸正了？
還是越學越壞，成了一個未爆彈呢？
他的父母依然覺得「大家都找他兒子麻煩」？
還是後悔「慈母多敗兒」呢？

教書第一年，在改期中考卷時，發現兩個學生答案一模一樣，再看他們的座位，正是比鄰而坐，推想可能就是作弊。

這兩個學生一個比較老實，一個比較「奸巧」，我不動聲色先把老實的冠英找來，問他是否作弊。冠英才剛上高一，第一次期中考就作弊還被抓到，當場就嚇得哭出來，立刻承認了，並且告訴我：他們是如何利用監考老師不注意時，偷偷遞考卷給對方的。我心想：「好，人證、物證都有了，接下來問另一個，應該就會承認了。」

於是，又把文翰找來，問他：「你跟冠英作弊的事我已經發現了，剛剛問過冠英，他也承認你抄他的。你現在有什麼話要說？」

沒想到，文翰竟然回答：「我考試沒作弊，冠英是亂說的。」

「怎麼會亂說，答案一模一樣，冠英不只承認，連過程都告訴我了。你如果沒作弊，現在就再重寫一次。隔了一小段時間，我不會要求你答案要完全相同，但至少會百分之九十五一樣才對。」

我早就料到文翰可能不會承認，因此，準備好一樣的考卷，想好了「重寫」這個驗證方法，以事實證明清白，就沒什麼好錯怪的。

沒想到，文翰竟然說：「我又沒有作弊，為什麼要重寫？如果我照你說的重寫，不就代表我認同你的推論了嗎？我是不會重寫的。」

他強詞奪理的回答讓我一時語塞，第一次帶班的我，不僅是第一次處理作弊問題，從小到大也沒遇過這樣的人，我表面堅定，心裡著實慌了。

正當我忙著問教務處該怎麼處理之際，文翰竟然在這幾分鐘間，趁亂偷跑了。

我立刻追了上去，一路追到走廊，人來人往，我顧不得形象，氣得罵他：「有膽作弊，竟然沒膽承認！」

文翰也怒吼我：「你誣賴我，你對我有偏見。」

我們班及其他班的師生都跑出來圍觀，我揪著文翰「不肯認錯，態度不佳」，他硬說我「誣賴，對他有偏見」，我氣到發抖，邊罵邊哭，無比難堪。

過了幾分鐘，我冷靜一想，互罵也不是辦法，決定回辦公室打電話給文翰爸媽，心想：「這種行為一定要告訴家長，讓你爸媽來治你。」

沒想到，在我回辦公室的途中，文翰比我更快一步就打電話回家，他告訴爸媽：「待會老師會打電話給你，他誣賴我作弊，但我沒有，老師從以前就一直都對我有偏見，我忍她很久了，我是前三名，你們一定要相信我。」

幾分鐘之間，我就晚了一步。

當我打給家長時，他們生氣地對我說：「老師，文翰都跟我們說了，他說你對他一直有偏見，我兒子成績都保持前幾名，每天去補習，讀書到半夜，他還需要作弊嗎？他明明沒有作弊，你硬要栽贓他作弊，你這種老師太過分了吧？你這種人是怎麼當老師的？如果你再誣賴我兒子，小心我告你。」

我詳細告訴家長來龍去脈，以及另一位同學已經承認的事，但他們依然輪流砲轟我，甚至連念大一的姐姐都搶過電話來罵我。

他們始終護航到底，我瞬間變成一個問題老師。

我掛上電話真是氣憤又無奈，心想：只要找兩個人來對質，就能真相大白了。結果，當兩人都到齊，我把考卷攤出來，再問冠英有沒有作弊時，他竟然改口說：「老師，我們沒有作弊。」

「沒有作弊？你半小時前不是承認了，考卷答案一模一樣，你也說出經過了，現在怎麼可以否認？」

「我沒有作弊，我剛剛亂說的。」

「這種事怎麼可能亂說？」

「剛剛是你逼我，我才這樣說的。」我看著冠英吞吞吐吐，表情很是害怕又為難的樣子，知道他一定是受到文翰的壓力，或許就是迫於壓力，不得不讓他抄，也是迫於壓力，現在不敢承認。

教務處告訴我：作弊如果不是當下被監考老師抓到的話，除非批改時發現，學生也承認，不然也沒辦法拿他們怎麼樣。因此，我只能眼睜睜看著他們死不承認，只能放他們拿到高分，還平安無事。

知道這個結果，讓我氣到在辦公室大哭。

我是他們的導師，全班都知道同學作弊，還被老師抓到了，但全班也都知道導師拿他們沒辦法，還被家長罵。我該如何回班上面對其他學生？身為老師的尊嚴和公信力，又該如何安放？我以後怎麼管教他們？

＊＊＊

但這件事，我是真的治不了他們。

我承認我的無能，生氣監考老師不夠嚴謹，但我還是必須面對全班，教導正確的價值觀，把我的態度說明白。

回到班上，我跟全班分享「國中第一次作弊，就被抓到」的事。

那是我第一次也是唯一一次作弊，那天在收考卷時，發現同學們都寫了我剛剛想寫的答案，就趁大家不注意時，偷偷塗改了考卷，但當場就被同學發現，立刻通報老師，而老師也沒有任何寬容，當天直接就記了一支大過。

當時在女生班，被記大過是少有的事。這事一下就滿城皆知，其他任課老師在上課時還會特別「關心」一下。那時的我雖然丟臉又痛苦，埋怨老師不給一點寬容，但長大後，卻非常感謝老師及時狠狠糾正了我。

「因為作弊太方便，不用讀書就有高分實在太好了，如果沒被抓到，我可能就此嘗到甜頭，從此不想認真努力，只想不勞而獲，一輩子就毀了。」我真摯分享著，期待喚醒他們的良知。

又說：「犯錯很正常，犯錯被處分也很正常，沒有人喜歡被糾正、被痛罵，但就是因為不喜歡，所以這種痛苦才能讓你不想再犯錯。雖然這次老師沒辦法證明同學到底有沒有作弊，但我相信大家心裡都是有答案的，『人在做，天在看』，犯錯不改，反而從一次次錯誤裡變得更狡猾，最後只會釀成大錯，我相信終究會得到教訓的。」

說這些話時，我很氣自己，覺得竟然無能為力到只能用「人在做，天在看」作結。

但，也只能如此收尾了。

* * *

三年級時，文翰與他校學生有了糾紛，犯下更大的錯誤。

他因為不甘心分手，竟模仿新聞手法，設下一個個圈套，用無中生有的東西去恐嚇對方，他精心佈局很久，原以為照著自己的計畫可以達到報復的目的，但最後一刻，因為對方也在暗處設計他，最終，兩方釀成了打架事件而進了警局，消息因此傳回學校。

當警方跟我們說明文翰的犯案過程時，對於他思考的冷靜縝密，及犯案的動機跟心態，都讓人聽了毛骨悚然。

但讓我覺得更可怕的是：這個作弊卻死不認錯、犯下恐嚇案的學生，是班上的前幾名。

他的智慧型犯罪與父母的偏袒，比其他學生衝動行事的犯錯，更讓我憂慮。

這個聰明又肆無忌憚的學生膽量越來越大，越來越會找理由，越來越能把錯誤合理化，他是那麼精於算計，工於說謊，又有恃無恐，他的家長只會把老師視為對孩子有偏見的眼中釘，只會聽取小孩的說詞，或者為了保住操行成績，寧願睜眼說瞎話，一路偏袒到底，從來不願意在這麼多事件中，去發覺事情的真相。

小過偏袒，大過不改，一步步走向懸崖的是自己；但，推他掉下懸崖的又是誰呢？

答案是那些縱容他的人，有時候正是最愛他的父母！

＊＊＊

面對充滿敵意又有心機的孩子與家長，教育者有時也不得不學著放手，保全自己。而他，正是我少數放手的孩子。

我的直覺告訴我：保持距離，以策安全，或許他和我無緣，或許我的用力只會換來兩敗俱傷。

三年時光，我仍然把他當成有緣人，只是到後來也不想多說多做了，我只能安慰自己：「盡全力教，能教到哪，聽進多少，都是他的命。」

我不知道他畢業後的情況如何？進到更殘酷的社會，是得到了教訓，改邪歸正了？還是越學越壞，成了一個未爆彈呢？他的父母依然覺得「大家都找他兒子麻煩」？還是後悔「慈母多敗兒」呢？

我不知道，也不敢知道了。

chapter 3

老師的自我修復力

不嚴格的老師就不是好老師嗎？

如果教育只是一種老師和家長間的角力對抗，
孩子只會學到「偏向強勢的那一方，把過錯推給別人，或靠勢力逼迫對方服從」，
永遠學不會「不管在任何環境都是一種學習，
都要為自己負責，都要努力從中找到優點並戰勝弱點」。

我知道很多老師教得很痛苦，我知道很多老師被學生或家長霸凌，我知道很多老師並不是不認真，只是他們被要求「標準化」，他們矛盾又心酸，他們在教育現場度日如年！

這篇文章，是寫給那些老師的，我不知道自己能表達多少，但我很誠摯期待一個更良善的教育環境。

期待把信任還給每個應該被尊重的老師。

＊＊＊

那天，你哭著跟我說：「我在一所注重升學的學校，班級間的成績競爭很厲害，對學生的要求也很高。這裡每個老師都非常嚴格，鉅細靡遺緊盯一切，學生考不好或態度不好，就會用惡毒的言語『酸』學生，學生因為愛面子、怕丟臉，所以都不敢使壞。」

我聽完很詫異，問道：「這種侮辱人格的教育方式不對吧？每句話都有影響力，學生又在青春期，不會反抗嗎？家長沒意見嗎？」

「家長重視成績，老師也資深，加上這樣的管教方式，的確學生的狀況少很多，所以家長也很配合甚至讚揚，於是成了學校的生態。」

「那你有辦法跟著這麼做嗎？」我的好友溫柔善良，是我心靈最好的依靠，我知道他可以忍住別人對他的各種惡意批評，但要他說一句殘忍傷人的話是絕不可能。

「那些很酸的話我真的罵不出來，我從小也不是被逼著念書的小孩，要逼學生、罵學生，對我來說真的很痛苦。我一直在思考『我是不是不適合當老師』？班上還有學生跟我說：『老師，都是你不嚴格，班上才這麼亂，老師，你應該處罰他們、很凶地罵他們。』我聽了也很難過。」

「可是明明也有很多學生喜歡你，我記得你之前畢業的學生常回來看你，跟你說你影響他們很大，很謝謝你陪伴他們度過最混亂的青春期。」我試圖鼓勵好友。

「雖然是這樣，但家長不會明白，也看不到這種深遠的影響，他們覺得成績好才是最重要的事。孩子的心情或自尊，對有些家長來說是不成熟的幼稚，根本不值得一提。」

＊　＊　＊

那天，更殘忍的是另一個親師會會場，家長指著老師罵道：「你就是哪裡哪裡做不好，全班才這麼亂！」其他家長不僅沒人幫老師說話，還應聲附和。

老師努力說明帶班理念，但家長句句反駁，並下指導棋。老師被一連串砲轟攻擊得啞口無言，接著還要面對家長的強硬介入，他們私下不斷施壓，逼迫學校換老師。

老師很痛苦也很憂鬱，他不是擺爛的老師，教學認真，努力精進，也很用心對待學生，他，只是不嚴格的老師。

他想學其他老師一樣嚴格又直接，但個性就是無法做到，偏偏有些學生還藉此欺負老師，故意使壞又對老師的勸導處分置之不理，也讓他深感挫折。

可當導師是辛苦的，沒人願意扛這辛苦的擔，也不是你說「不願意、沒辦法」就能卸下輪替的債。站在班導的位置上，他隨時都想退場，但卻無路可退。

＊＊＊

這些不嚴格的老師，難道就不是好老師嗎？

每個人的個性都源於他們的經歷，溫柔有耐心，給予學生包容的老師，小時候表現優異、自動自發，他們不需別人嚴格逼迫，就能完成功課。他們溫和良善，也因這樣的歷程不會遇到什麼惡劣傷害，所以對於那些冥頑不靈、心機狡詐和惡意攻擊，完全不懂應付。

這樣的老師乍看之下好像不夠嚴格，不符合家長期待；但事實上，他們是最願意撥出時間給學生，最會私下寫紙條鼓勵學生，也最能夠真正帶領學生自主學習，陪伴孩子走過迷惘階段的老師。

溫柔不好嗎？一定要嚴格加上罵學生，才叫會帶班的老師嗎？

在學校這麼多年，有時候很無奈也悲傷地發現：嚴格帶班三年，學生也不見得就會學得好。有些學生好不容易考上好學校，眼裡卻只剩勢利和自大，覺得一切都是自己的功勞，也不曾回來看老師；另一群學生則是被逼到好學校後，後繼無力，休學、退學、延畢所在多有。

相反的，放手讓學生自主管理的班級，有些學生或許因此沉淪，但懂得在這樣環境下自律的學生，往往出社會後的表現都讓人放心，也更有人情味（而這樣的孩子不就是我們最終期待的樣子嗎）。

就學生狀況來說，有些學生聰明有想法，用強硬方式罵他們，只會反效果。這群學生如果遇到嚴師，可能就此反抗，故意找碴；但當他們遇到溫和有耐心的老師就會超級幸福，因為他們會在老師給予的空間和關心中，獲得理解和尊重。

* * *

我們要求老師接受各種不同類型的學生，並且因材施教；可是教育現場卻常常有雙無形的手，企圖扭轉老師成為單一模樣，用「嚴格與否」判斷這個老師會不會帶班；用「班級成績」評論老師的付出成果。

家長教不動的，自己不敢說的，就把管教的責任交給老師，希望藉著上學的這幾個小時，能夠扭轉孩子的脾性和態度；孩子管不動又不願意順從家長，家長就會歸咎環境、同學，甚至把這股期待（怒氣）全怪到老師身上。

家長當孩子的面不尊重老師，質疑老師的作法，要求老師必須符合標準。但家長自己的責任以及反省，又在哪裡呢？而這樣的身教又讓孩子學到些什麼呢？

如果教育是嚴格與溫和的平衡，那當老師不夠嚴格時，家長是否能扮演嚴格的角色，把自己的孩子先約束好呢？相信每個受教有禮的孩子聚在一起，老師根本不需要嚴格，也不會有什麼影響。

如果教育只是一種老師和家長間的角力對抗，那就像孩子在家裡看到爸爸和媽媽的對抗一樣，最終，他們只會學到「偏向強勢的那一方，把過錯推給別人，或靠勢力逼迫對方服從」，孩子永遠學不會「不管在任何環境都是一種學習，都要為自己負責，都要努力從中找到優點並戰勝弱點」的這個生存功課。

＊＊＊

沒有最好的爸媽，沒有最好的小孩，沒有最好的老師，也沒有最好的環境！

環境的好壞不僅取決於老師，還有學生是否配合，家長能否支持？只要三方各自調整並同心努力，不論怎樣的孩子都能成為天才。

教育一定要嚴格才是對的嗎？或者教育一定是溫和才是對的嗎？

我覺得都不是，過於嚴格會教出乖巧但害怕犯錯，或愛說謊的小孩；過於溫和一旦失去分寸，孩子也會變得予取予求，有錯不改。

真正的嚴格不是酸言酸語或大聲斥責，**我對嚴格的定義是「溫和但堅定」——原則清楚，確實執行，遇錯追根究柢，要求孩子確實反省到每個起心動念，每個行為當下，不輕易得過且過。**

這樣的嚴格才能在不傷及孩子自尊下，帶他們成長。

這世界有很多好老師，他們有很多教育愛，他們積極努力且溫和良善，他們自有魅力與智慧帶領孩子成長，他們是孩子的擺渡人，也是脆弱需要鼓勵的大人。

這世界也有很多需要鼓勵的爸媽與孩子。不嚴格的爸爸，就不是好爸爸嗎？不嚴格的媽媽，就不是好媽媽嗎？或許當我們同理，就能夠多點信任與耐心。

在紛紛擾擾的世界裡，我們應該用愛、信任和鼓勵，讓每個緣分都是助緣與善緣，讓我們的環境變成更好的樣子。

會等到那一天的！

會哭、會生氣、會失落、會害怕，
是因為你依然是一個好老師，教育需要你！

「怡嘉老師，您好，我是×××。我想跟您說：我們班每到國文課就會有好幾個學生藉故去保健室，我已經要求副班長點名了，請老師再看看是不是有什麼要調整的，常常這樣我也很困擾……」

剛上完這班的課，心裡的眼淚都還沒流乾，拖著疲憊步伐回到辦公室，就接到這樣的電話，覺得很尷尬也很丟臉，好像我是個很不受歡迎的老師，學生都想辦法逃跑了，他們在我的課堂度秒如年……

其實剛剛結束的這堂課，我過得很慘。原因是學生小考成績很差，我不希望他們得過且過，於是要他們下周再補考。然後在宣布考試時，有一個學生用嘴型罵了一句「幹」，恰巧被我看到了。我生氣地問他：「老師要求你們再認真準備一次有什麼錯？多少人直接放棄你們？誰真心在乎你念得好不好？我這麼認真教你們，你憑什麼這樣罵我？」那是我第一次遇到直接罵老師髒話的學生。

＊＊＊

要帶一個一半以上都沒在讀書的班級很累，非常極端的M型結構讓我上課多半都在努力給愛，也努力重建秩序。

「只要他們不打擾其他人就好」，我知道這是很多老師無能為力下最低限度的要求，但我的個性使我永遠當不成這種人。

在看到這些孩子的時候，我其實看到的除了他，還有他們的爸媽，以及那一顆顆迷惘但想變好的心，所以我始終用「蠻力」不斷在拉。

可是，身為有理念的老師真的是被千刀萬剮的，以為你給愛會被珍惜，結果可能有學生認為你自以為是救世主，很噁心；以為苦口婆心會有人領情，結果他們只想繼續裝死放空；他們甚至罵你髒話，在靠北版上酸你，或直接集體蹺課，表達對你的抗議。

這些，都很真實，也都是近期發生的事情。

＊＊＊

教書就是一連串自我辯證的過程，即使已經十幾年過去，我依然不斷面對各種挑釁、叛逆與攻擊。

這世代太標榜「做自己」，他們的「做自己」就是「我的想法當然也是對的」、「我想說什麼就說什麼」、「我根本不怕傷害別人，因為別人也這樣傷害我」。好像只要口齒伶俐，一切行為都合理。

這一年我用好多愛澆灌這個班，支撐下去的原因是：當我分享我的挫折、如何面對困境，以及該怎麼努力時，他們是安靜的、是認真的。他們的眼神讓我知道孩子其實想要變好，只是一貫鬆散、防衛跟不在乎的態度，會讓大人對他們放棄。

支撐我的另一個原因是：有一群非常想認真的孩子，卻因為風氣，努力得很孤寂。我覺得不該讓這群人被困在裡面，應該把土撥開，好好把每個苗重新種好。

這一年來，我每節課都發自內心跟他們說話，真心給愛，捨不得他們覺得後悔來到這裡，也每次都願意因為愛去消化那些暴戾孩子們的怨氣。不論他們多讓我氣惱，都不會用記過來壓他們，也不強求道歉，更從不需要他們愛我。

我只求他們能明白隨意在網路謾罵會讓別人很受傷；希望他們懂得將心比心，懂得感謝自己的聰明幸福，當一個更好的人。

這一年，我們發生了好多好多事，態度不佳、網路攻擊以及直來直往，都一刀一刀刻在我的心裡。

＊＊＊

但一年了，感謝天，我還是等到了。

那天，有個孩子告訴我：「我一開始很討厭你，可能我們班很多人都一樣，因為你一副想救大家的樣子，讓我覺得很噁心、很假。所以，那時就用我們習慣的方式，在網路上留言酸你。可是，後來慢慢知道你是真心愛我們、為我們好的，加上開始看你的文章，就真正了解你這個人，了解這就是你的志向和心意，慢慢不再討厭你了。我真心為過去所做的一切感到抱歉，希望老師能原諒我，對不起。」

看著眼前的他，我知道以他的聰明自信，要道歉是很困難的，但他對我深深一鞠躬。

「你知道嗎？你根本不知道自己說這些話有多大影響，大人也是很脆弱的，當你在網路上酸我的時候，還是別人告訴我的。當別人告訴我這些訊息時，我很難堪、很難過，那時我也遭遇很多事，心情很低落，加上這個班真的很難教，我因此很挫折。但，我最後還是努力站起來，繼續給出愛。可是，有很多人根本無法承受別人這些酸言酸語。

「就算這世界慢慢變成這個樣子，你可能也覺得這沒什麼，但我們也不該變成這樣的人。**不論時代怎麼變，人性中的美好善良，還是可以被堅持，這是每個人能夠選擇的**。你其實是你們班的一個縮影，我覺得你的體會可以幫到全班，你願意跟他們分享剛剛說的這些話嗎？我不是要你在大家面前跟我道歉，你知道我不在乎這個，我只是覺得這種態度會害到你們，我希望大家都學會這一課，以後遇到類似事件和其他老師，就不會有這種傷害了。」

學生點點頭。

這是他們第一次有這樣的討論，大家顯得有些彆扭，但我希望當我不在他們身邊的時候，他們依然可以好好表現出真正的可愛、貼心、其實想上進、也很需要鼓勵跟愛的自己。

＊＊＊

一年的磨合是無數的堅持和眼淚，但一定是值得的。

當我被某些孩子氣到流淚時，會有其他孩子跑來幫同學道歉；當我在班上面對突如其來的髒話白眼，幾乎無法繼續時，會有一群學生安靜溫柔地看著我，用眼神跟我說：「我們懂，不要難過。」當我跟他們分享接下來要怎麼準備後，他們會用全班購書的方式告訴我：「我們很想努力看看。」

每次努力給出愛後，老師都有一種被掏空的感覺，他們懂了、去飛了，你那些被劃下的傷卻可能還在，你可能還不敢前進。

可是，不要怕，不要停止，繼續給吧。

身為老師就是相信自己的使命，相信再怎麼惡劣都只是表象，人的內心終究是想要變好、被愛的。不要計較是他的家庭失能，所以你無能為力；不要計較他屢勸不聽，你已仁至義盡；不要計較他永遠趴在桌上，你一定叫不醒。**如果今天有一分力，就多做一分，因為老師是除了爸媽外，最能影響孩子的人，要相信你的每一分鐘都有意義。**

會哭、會生氣、會失落、會害怕，是因為你依然是一個好老師，教育需要你！

好老師乍看都是不討喜的，但日久見人心，我們一起加油，會等到的！

身為老師，我很惶恐

教育的標準必須因材施教，
沒有也不需要最好的老師，而是需要不同的方法與老師，
但不論什麼風格的老師，都必須具備無畏的真心，
理解因為愛才會在乎，安慰自己生氣衝突有時是必須。

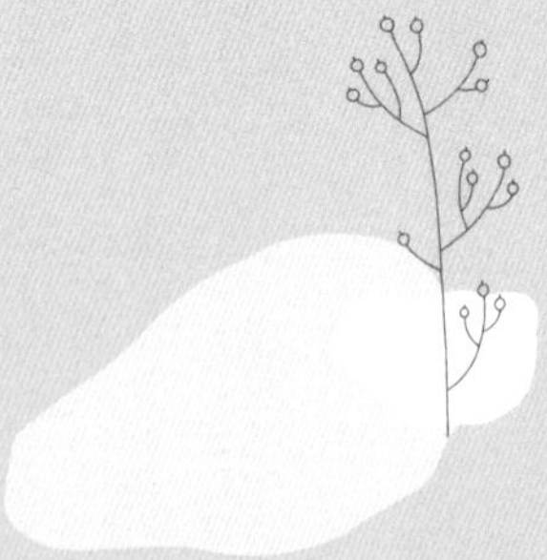

那一天，我告訴學生：「我會寫一篇文章記錄我們的故事，是我送給你們的禮物。」學生很開心，我也很珍惜這樣可愛的互動。

這些年發生的事情點點滴滴，沒有說出的還有很多很多，在寫每一個字的時候，都觸動了回憶，也讓我幾度哽咽。

其實，這一年與上一年，或前幾年，或許並沒有太多不同。因為，就算是不同的班，我幾乎總在經歷類似的過程，總是揪心難過，總是悲傷失落。

我常常反省：「是不是我有問題？我太嚴格或太認真，才會容易受傷？是不是面對這個世代，應該跟他們一樣輕鬆自若，比較能打成一片？是不是該學習其他讓我羨慕又很有辦法的同事，他們既能和學生成為好友，也能成為他們的導師？」

人與人真的不同，相信每個老師都會經歷自我懷疑的過程。

我有幾個溫柔的好友，她們也都成為老師，教書十幾年來，她們因為不擅長用嚴肅、嚴格的方法要求學生，面對其他老師都是鐵腕政策，帶出一個個整齊畫一、說一不二的班，反觀自己都是柔性勸導，班風不免有點自由自在，因此使她們沒有一天不懷疑自己的能力。

覺得別人做得比較好，他們自有一套，學生好像比較喜歡他，然後他也不痛苦?覺得自己能力不足，沒辦法像其他人一樣，自己或許根本不適任?這是很多人共同的糾結。

身為父母，因為和孩子有著血緣關係，再怎樣的拉扯都有踏實感；但身為老師，在困難來臨時，往往會不自覺地陷入自我辯證中。

我自知是個充滿缺陷的人，那些與學生對話的時空，有時一點也不溫柔。在學生罵我髒話的時候，我拍桌子生氣、不甘屈辱；我總是堅持先當嚴師，當原則被牴觸時，會先要求正確的態度，之後才用極漫長的時間，讓學生了解溫暖的心意。而這段極漫長的過程，也是人與人之間互信互諒的必經之路，有些人會願意給你時間，有些人打從一開始就決定主觀抵制，怎樣也勉強不來。

我深知自己很多地方做得不好，深知我也會因為情緒或思考的侷限，而有失誤的時候。即使教書多年，我依然無法完美處理好各種學生與班級狀況，無法顧及所有學生的需要；甚至常常迷糊，小細節無法兼顧。

可是沒關係啊，人都是不完美的，只要保持謙遜真誠就好了。

沒有人必須完美，也不需要固定的樣板。

嚴格的老師可以樹立規範，讓學生短時間內就達到立竿見影的成果，但或許學生因此不敢說真話，和老師保持遙遠的距離，只好把青春期的苦悶往心裡吞；溫柔的老師用感化取代軍事教育，效果雖然緩慢，卻可以體察學生的需求，像春風拂過，真正走進學生內心，給無助的孩子最溫暖的安慰。

如果這個環境全都是嚴格嚴肅的老師，恐怕大家的壓力都會爆表，情緒更壓抑；但如果全是溫柔和煦的老師，也恐怕秩序紊亂，孩子們在迷惘中缺乏導正的力量，將失去準則。

教育的標準必須因材施教，沒有也不需要最好的老師，而是需要不同的方法與老師，但不論什麼風格的老師，都必須具備無畏的真心，理解因為愛才會在乎，安慰自己生氣衝突有時是必須。我們只能耐心等待，相信一顆種子可以無聲無息在土壤裡腐敗，但也能在風雨的鍛鍊，與園丁的用心澆灌下，長成參天巨木。

不管學生懂不懂，不管孩子凶不凶，不管家長理性不理性，我相信，凶神惡煞都是表象，在每個人的心裡一定有一個最柔軟的地方，需要好好被照亮！只要老師有耐心找出這個地方，發現每個人的優點與亮點，這世界就會散發光芒。

而在這樣一個混亂又自我保護的時代，這樣一個充滿危機的一年，我們看到太多暴衝、憂鬱、無常的例子，我想不論外在環境怎麼變，我們都要好好安頓自己，也撫慰他人。

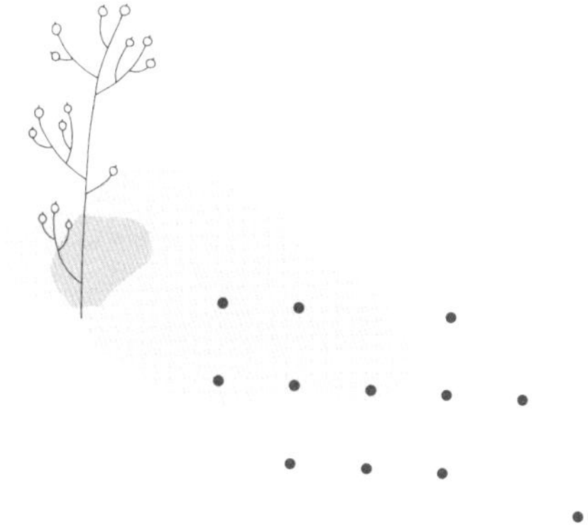

最難的一堂課：我是一個爛老師嗎？

老師是一個能量場，
每一個來到我們眼前的學生，都抱著一顆自己的星球，
身為老師就是相信每個星球都是獨一無二、都會發光，
我們教你讓星球發光的方法，教你怎樣妝點自己的星球，
幫你們充好電，讓你們出去綻放！

「我最後悔的決定，就是讓他們三個離開我的身邊！」導演喊卡，廣告結束了。我的內心澎湃不已。

四千多字的內容，談到即使會被學生討厭，還是堅持當一個嚴師的心情。談到因為高中聯考落榜，又歷經三年苦讀考上第一志願的歷程，讓我決定站在需要的學生面前，以高職作為志業，也讓我體會「高中是扭轉人生的關鍵時刻」，因此選擇當一個嚴師，堅持在學生最重要的階段，努力督促他們。

這篇文章寫了一天，想到是在禮堂拍攝，還特別做了ＰＰＴ，自己預先錄音練習。

這部廣告請來了金馬導演沈可尚操刀，製作時間緊湊，但在拍攝之前，製作單位與出版社、導演不斷密集開會，確定方向；在與導演正式見面前，製作公司又預先錄了兩次深入訪談，以此作為導演拍攝的參考。

「老師們總是習慣告訴學生解答，好像那些解答不需經歷痛苦就能輕鬆得出；老師們總是習慣用輕鬆正向的方式面對困難，好像那些困難不曾打擊他們；但事實上，人生並非如此，老師的人生當然也絕非永遠正向。」

「我希望老師真實呈現教育的兩難，挖掘出那些對人性失望、老師也會犯錯，也有痛苦到失去力氣的時候。」

「設想台下是你的學生，最好有明確的臉孔、姓名，想像你正在對他說話。大概分享一到兩個故事，從初衷開始，到各種選擇，最後以此思考自己是不是一個好老師結尾。」

導演提出的問題真實又直接，身為老師的糾結，在每一個選擇的當下都考驗著我們：

「怎樣才是一個好老師？」

「教出第一名的學生？還是獨一無二的孩子？」

「老師要挑戰自己？還是挑戰世界？」

「要志在教書？還是教人？」

「老師要聽家長的話？還是學生的聲音？」

「該堅持初衷？或符合社會期待？」

「要追求成績？還是創造成就？」

「要給予希望？還是面對現實？」

「我是一個好老師？還是爛老師？」

＊＊＊

第二天，導演錄完第一個故事後，開始問我一連串問題：

「當你明知道家長可能會找議員告你，為什麼還敢調整他的成績？」

「我覺得如果今天沒有把他教好是我的錯，這世界不缺聰明有才能的人，但缺乏正直善良的心；另外，我還浮現班上其他三、四十位同學的臉孔，他們有些成績不好但很努力，大部分都乖乖上課。我是老師，必須主持公平正義，如果今天讓這個學生過關，那其他同學的乖巧努力算什麼？所以即使可能被告，我還是必須勇敢做出決定。

「我想到求學的時候，那時老師沒有把班上作弊的同學抓出來，結果全班作弊的情況變得很嚴重，沒作弊的人好像傻瓜一樣，排名很低，還被家長罵，最後班風就變得很差。如果我不糾正他，他們班以後就會變差，雖然我只是科任老師，只教他們一年，但對這個班也有教育責任。」

導演接下來又問了很多問題，像是：「你怎麼知道這樣的選擇是對的？沒有做錯選擇的時候嗎？」

我談到帶過兩個班，採取了不同的作法：

「第一個班因為捨不得讓學生離開，最後頑劣學生影響了其他人，沒抽煙的到最後都會抽煙，成績好的也被影響，全班變得很差。

「第二個班同樣有讓我頭痛的學生，當時為了抓學生抽煙，自己還買了三包煙來實驗，也經歷很多努力，但最終這些學生依然故我，在其中一個拍桌子罵我：『到底在執著什麼？』的那一刻，我終於決定為了保護班風，讓那三個學生休學離開。」我沉痛回憶著。

「可是，當初的那個決定卻錯了！那時我以為他們會像其他人一樣，在一個學期或一年後就回到學校，但沒有，他們就此消失了。我從那時到現在都非常自責，每當在ＩＧ上看到他們的生活都很擔心，可是即使我很關心，他們也不太跟我聯絡了。

「我想到他們每一個都有自己的問題，都是家庭有困難的孩子，今天我把他們丟出去，他們就真的飄走了，所以很不捨、很有罪惡感。

「如果再讓我選一次，我不會拋下他們，就算他們會影響其他人，我也會努力帶著他們一起走。」

還談到在結業式那天，辦公室外的走廊上，當大家都開心準備放假時，我卻被最信任的班長指責是「非常非常爛的老師」，而且「全班都這麼認為」的事。談到當時錯愕傷心到「連跟學生一起待在同一塊土地」的勇氣都沒有，一路哭著開車回桃園。

往事歷歷浮現，即使帶著愛站在學生面前，即使對於自己的選擇早已做好準備，但面對一次次的挑戰，我依然被打擊得連站立的勇氣都沒有。

＊＊＊

「在這麼多悲傷之後，你為什麼還可以重新回到講台上，繼續當一個給出愛的老師？」導演問道。

「我相信兩件事，一是『人性本善』，身為老師要相信人性最終是善良的，要相信這學生是可教的，才有辦法在一次次挫折中重新再站起來。

「二是要相信『每個人來到這世界都有意義』，我的人生經歷讓我知道：你眼前這個表現不好的學生，未來依然大有可為，**每個人都是天才，只是他的爸媽、老師，還有他自己都不知道**。

「我覺得老師是一個能量場，每一個來到我們眼前的學生，都抱著一顆自己的星球，這些星球有著各自的顏色，有的蒙上厚厚的灰塵，有的閃爍著奇特的光芒，有的暗暗淡淡，有的沒有任何色彩，也有的支離破碎……

「身為老師就是相信每個星球都是獨一無二、都會發光，我們教你讓星球發光的方法，教你怎樣妝點自己的星球，幫你們充好電，讓你們出去綻放！」

說這些話的時候，我想著那些抱著暗暗淡淡、支離破碎的星球來到我眼前的學生，他們都是與我有緣的孩子。

想起小時候，懵懂脆弱的我很期待有老師可以牽引我，但在我最挫折的時候，並沒有等到那樣的老師，一直到高中才終於遇見邱琇環老師，她給漂在海裡的我一根浮木，用國文課本裡的句子給我力量，終於把那個每天讀書讀到哭的我拉上岸，雖然，恩師已不在人世，但她的愛卻一直溫暖著我，而我至今的每一天都仍然想念她。

最後一幕是老師要跟大家謝幕了。

這其實是一個沒有學生的禮堂，我們其實是一群說著真實心聲，同樣糾結脆弱的大人。

導演喊Cut，我收拾桌上的講義、關掉麥克風、拔掉螢幕，慢慢走下了舞台……

＊＊＊

廣告結束了，我依然在廣告裡。

一個個問題都逼我不斷回憶這些年的種種，我早已忘記曾經這麼悲傷過，以為自己一直都這麼勇敢堅強，也一直以為我始終這麼相信人性本善。

過程中，不論前置訪問或拍攝現場，都必須不斷面對一次次直扣內心的提問，在挖掘出那些被學生投訴、面對學生作弊死不承認又無可奈何的黑暗時，我也在這些事件中重新省思了自己。

我發現：以前的我，在發生事情的當下，都是直接去指出學生的錯，忙著糾正他們的行為，覺得自己是受害者。

但當我再次回溯時，因為經驗與時間的累積，竟能在心平氣和中，看出當年造成這些問題的原因，進而反省自己的作法也有錯誤，並思考怎麼做更好。

這部廣告雖然說是拍給其他老師看，但更多是說給自己聽。

* * *

至今我仍然不知道我是不是個好老師？

但我確信：

只要願意相信人性本善，相信每個人來到這個世界都有意義，相信每個學生都是獨一無二；然後因為相信，所以堅持當一個不討喜的嚴師，堅持在學生給予諸多挑戰時，還是繼續選擇原諒跟相信的我，就是一名好老師。

謹以此文獻給所有懷抱著信念與愛的人，獻給在教育現場，堅持初衷的老師們。

生命中所有的快樂與悲傷，所有走過的路，終將成為燦爛的銀河！願我們堅持初衷，勇往直前，相信我們的使命，也相信我們愛的能力與影響力！

希望每一位老師都勇敢發光，能把每一個星球都點亮！

／跋／

如果教育可以是（B），我們何必需要「王」？

身為老師或家長，你想像的學校、期待給孩子的教育，或你期盼孩子所接受的教育，是一個（A）有安全網的模擬小型社會？還是（B）只有真善美的理想世界？

相信，每個師長一致嚮往的都是（B），其次是期待（A）＋（B）。但如果只能選一個，你會選（A）還是（B）呢？而你延續這個價值觀的一切作法和心意，將會截然不同。

（A）有安全網的模擬小型社會，是幫助學生慢慢從孩子過渡為大人的過程。

雖不忍讓孩子了解：真實世界其實是得不斷競爭、需要面對不公平、需要與人協同合作，不能完全做自己；但老師的愛是為孩子想得更遠，在這個理念下，老師就像第二個父母，得勇敢幫孩子揭開真實面紗，教導做人處事的道理、社會生存的法則、人際合作的方法。

學校像小型社會，老師對職責的期待是幫助孩子成長茁壯、能抗壓、能生存；但，也因為在學校，孩子有犯錯試錯的機會，老師會努力講解每個規則設定的原因，也會在幫助孩子成熟的過程裡，為他們織起一道安全網，當他們不免跌落時，好好接住他們、安慰他們、帶他們再試一下。

（B）是因為深刻了解「大人世界畢竟辛苦」，所以，大人的真實人生，就等孩子成為大人，踏入社會的那一刻再說吧！

延續這個理念，那麼，老師的愛是讓孩子就當孩子，讓學生依然保有孩子的天真與童年，希望建構一個真善美的環境，讓孩子在這段時間裡，擁有滿滿美好幸福的回憶，讓這些回憶成為他們未來面對社會時的安慰。

究竟哪個對？哪個錯呢？

事實上，兩者都沒有對錯，都是基於愛孩子的心，都是教育的兩難。如果可以，我們既要（A），也做到（B），那是最完美的。

可是，當你站在老師的崗位上，當你身為家長，就會理解：所有方式都沒有錯，只是每個人價值觀、立場和責任的不同。

而且，事實上，你最終還是得先從（A）和（B）中選出一種，才有辦法貫徹實踐；否則，將會變成一個混亂無原則的領導者，你的不篤定會讓孩子更迷惘無措。

＊＊＊

很明顯，我是選擇（A）的老師。

我相信每個來到我眼前的學生都是與我有緣的孩子，因為珍惜緣分，深知可以教他們、保護他們的時間，就只有這短短一到三年，所以我把握時間。

身為老師，我給自己的期許是：讓學生在我身邊學會堅強、培養能力，也調整優缺點，最終，當他們揮手離開時，我知道：雖然無法繼續每天每刻陪伴，但他們已有了對社會的基本認知，已有了某種韌性和覺悟，他們不致陷落。

甚至，在遇到挫折痛苦時，還會記得：他們還有嘉嘉！

如果可以，身為老師怎麼會不期待每個孩子都自主自律、都可以只要輕輕引導，就聰明奔放？

可是，當你站在教育現場，就會發現：孩子的惰性需要師長導正；孩子們要有好的習慣，需要師長堅持原則；孩子們無法自覺自律時，需要師長勇於設定界線扮黑臉，當不討喜、甚至被攻擊的那一個。

教書近二十年，我深刻體會每個人都是獨一無二，都有自己的特色，都會發光！但獨一無二並不是口號，而是像鑽石得經過琢磨才能顯現，得依靠無數努力才能被認可。琢磨的方式很多，如同因材施教，我們努力多元，但也不得不承認：有些方式雖看似過時保守，卻是不得不然。

我可以選擇在學生懶散、吵鬧、趴著睡覺、不認真上課時，說：「老師相信你們都是獨一無二，已經懂事會思考，所以我包容你們的一切；其他同學只要學著自我管理，就可以抵抗外界的誘惑。」我可以選擇最簡單的抽籤或讓學生自由選座位，就獲得學生的愛戴，和包容民主的美名。

可是我說不出口，也做不到，因為我明明知道：有些自由在類似大考的重要時刻反而是傷害，要學生隨波逐流輕而易舉，但要他們學會自我管理，卻費盡心力。

我知道如果老師不想管，或者拿不出有效辦法，這個班就會慢慢變壞。他們變壞跟我有關嗎？如果我再狠一點，推說命運都是自己當下的決定與承受，他們現在學不會，未來自然也有人教他們，我盡基本本分就好，又有什麼關係呢？

但，我知道老師是站在學生人生的轉捩點上，知識就是力量，學習能改變孩子的一生，我不在乎他們一定要獲取好成績，但至少能不虛擲光陰，盡了該盡的努力，這是基本態度，也是一生的態度。

我認為身為老師應該在混亂時挺身而出，保護那些想認真的孩子們，他們想上進，可是吵鬧的班風使課程無法進行，那些孩子將會是無辜的犧牲者，孩子背後努力辛苦的家長們，又是何等無助無奈？

在最該努力的階段，卻因為班風被犧牲，或者隨境起舞成越來越糟的樣子，我覺得那是老師對他們的虧欠，也是我因此可能不被理解，卻依然堅持某些原則的真心與原因。

＊＊＊

我的 Facebook 粉絲頁名為「女王的教室 陳怡嘉老師」，源自於日劇《女王的教室》，劇中阿久津真矢老師為了讓學生更好，堅持原則、認真不懈，最終讓孩子們變得勇敢努力，成為更好的自己。

這部劇是我身為老師的理想人設與形象，以此作為粉專名稱，就是希望自己可以透過努力，帶給孩子像戲劇中那樣的人生轉變。

或許在現實中，無法如戲劇那般理想化，甚至情況更為辛苦複雜，但我認為只要心中對目標有基本認識，就會知道自己是誰？要去哪裡？還有你將帶孩子成為什麼模樣？

此外，「女王的教室」對我而言，並不僅僅指的是我個人，而是老師們帶班的象徵。老師就是教室裡的女王或國王，設定這個名稱與粉專，是期許老師能勇敢發揮影響力，那些用心的規則與心意，可以讓班級與孩子們從懂事到奮發向上。

一直以來，非常感謝每位讀者的按讚、留言與分享，也一直深深覺得，自己只是一個勇敢把教室、教育真相寫下來的人，我所見到的不過是冰山一角，方式也絕對只是萬千方式中的其中一二。

《最難的一堂課》這本書或我所有文章的寫作目的，並不在於告訴大家「怎麼做是對的」，也不是粉飾太平，虛構出一個理想世界，讓大家覺得「教育沒有問題，都是一片光明」；而是期待藉由真真實實揭開教育現場，讓大家看到被卡在教育體制裡的老師和家長，到底實際上遇到的問題在哪裡？讓那些在第一現場有苦說不出、每個決定都很為難的老師們，獲得一點安慰和力量。

如果因為一篇文章帶起了某些思考，那用意絕非筆戰或堅持己見，相反的，正是有爭議，所以才值得討論。那些討論的意義重於一切，它凸顯了這一個個事件都是「最難的一堂課」，值得師長去細究，找出順應時代下最好的作法。

每個孩子都是不同的生命型態，不管年資深淺，每個班級對老師來說，都像新生的孩子。就像父母帶自己的小孩，老大、老二是截然不同的生命，用帶老大的方式帶老二，你會發現完全行不通；所以，老師用上一屆方法帶下一屆，原本有效的方法也可能會困難重重，這不代表老師是不對的，而是可能這個方法不適合這個新的孩子。

每一屆都像在教育新生命，老師帶每一屆都像新手父母，都在摸索，都是老師的第一次。教育很難，我們帶學生學習，自己也不斷學習，所以不要挫折，調整就好了。

所有老師都努力於有教無類，這是孔子的主張，也是教育原則；身為老師，我不會放棄任何一個孩子，在帶班時也絕不只用單一方法，而是考量不同狀況，使用不同方式。如果沒有前後的溝通和彈性處理，只憑成績換座位，或單一標準決定規則，那就是不負責任、傷害孩子的老師，如果有些方式可以鼓勵努力的孩子、同時警醒放縱的孩子，也彈性兼顧夾在中間的孩子，並且讓他們知道老師為何會這樣做，那麼，我相信老師已經盡力兼顧理想與現實。事實上，在漫長的教學生涯中，也的確看到許多改變和成果。

老師也有思慮不周的時候，但只要能將心意傳達出去，讓學生（與家長）明白制訂這些規則是出於愛他們的心，以及要讓他們學會哪些價值，相信最終都能被理解，也都能在彼此的教學相長中變得更好。

課堂如此，身為父母的教育方式也是如此。

我期待能夠給孩子們（B）的環境，和他們一起生活在無憂無慮的桃花源，不需顧慮升學、未來和競爭力，如果可以單純談論文學與人生的美好，那是多麼幸福的教育；但我知道，即使渴望，卻不可能完全做到。

因為，跳脫師長羽翼保護的孩子，想獲得美好的人生必須具備各種特質，想讓他們獲得永久幸福，就得在安全網上讓他們試著飛翔。

老師的愛是陪你在風雨的鍛鍊下，從一顆種子長成參天巨木，然後我知道你勢必青出於藍，我等你有空回來看我，我真心為你驕傲！

再次感謝閱讀此書此文的您們，教育從來不簡單，願我們堅持初衷，勇敢發光！

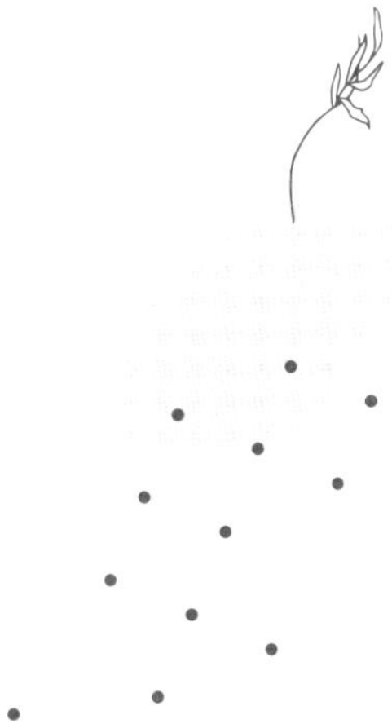

教書近二十年，我體會關於「教」的智慧

appendix 附錄

一、勇敢存入愛的存款，適性而教

人際關係像存款，要求是提取，付出是存入，存入必須比提取多，才能感到安全幸福。人際關係也像兩方拉扯的橡皮筋，拉太緊會斷掉，試著放鬆一點，才能保持彈性。放手讓對方去試錯，拉開距離觀察，改用包容去累積情感的存入，這樣的作法保護了彼此的關係，也等待更好的可能，只要對方不要跑太遠、心還在，就還有機會。

「先知先覺者」透過別人的經驗，就能獲得教訓，「後知後覺者」必須自己嘗試，才願意相信。

「先知先覺者」省去很多試錯成本，就能即刻領悟，他們讓人放心，但也可能變得不敢冒險；「後知後覺者」雖然總令人擔心，看著他硬要走錯路也讓人生氣，但走錯路學到的經驗可能更深刻，繞了一個彎能看清自己也未嘗不是好事，或許對他而言，錯一次是保終身，也沒有不好。

教育是良善的，是希望藉前人經驗，養自己智慧，希望培養更多「先知先覺者」，畢竟有些時候，犯錯的成本太高，不見得大家都承受得起，也走得回來。

但教育也必須包容「後知後覺者」，圈出大一點的空間，適當放養，知道範圍和歸期就好，只要不要是「不知不覺者」就好。

二、結好緣善緣，都是一念之間

很多事情都在「一念之間」，你可以與對方計較爭論，弄個你死我活，也可以選擇「忍一時風平浪靜，退一步海闊天空」，換得一次結好緣的機會。

一念之間的退讓，當下或許很難忍受，也擔心會就此被欺負，但可以先觀察看看，倘若對方繼續如此，就該適時止損，而在你與對方溝通的時候，因為有了之前累積的籌碼，可以增加事情的談成率，比較容易促成對方反省改變。

三、盡我所能，但順其自然

有時會有教不動的學生，會有怎樣都無法溝通的人，或許是時機未到，所以彼此無法同頻思考。這時如果還是繼續堅持，有可能對方會把你的善意當惡意，把你的堅持當針對，既無法改變行為，還可能遭來反撲與惡性循環。

或許你的教法就是不合他的心，你們就是天生不對盤，怎樣都錯。這時，就學著取捨和隨緣的智慧，在你這裡教不動的，在其他地方，可能別人說一樣的話，他就聽了；循循善誘沒用，可能別人硬一點、凶一點，他就改了。

凡事有機緣，有時柔弱勝剛強，柔軟、順應局勢的力量，易師／子而教，常比強硬更有效。

精力時間有限，都是寶貴資源。遇到無緣的人、怎樣都成不了的事，要懂得取捨、隨緣，生活與心都需要時時勤拂拭，需要斷捨離才能保有清靜，才能將精力作最好安排發揮，硬拖著往前走，有時反而是彼此厭惡，也彼此耽誤。

看看身邊或許還有其他殷殷期盼的有緣人，這些精力或許還可以成就更好的人事物；保持沉靜，先照顧好自己，不隨境起舞，教育、工作、人際，乃至感情，都是如此。

四、多元開闊，才有燦爛

每個人都有自己的脾性與特長，為人師者，只要「堅持自己必須善盡職責、好好教」就可以了，至於要不要勉強自己成為其他人的樣子，那倒不必。天空很大，可以廣納各種雲朵，雲朵各異才漂亮，每個老師都盡情散發自己的光與愛，盡情發揮不同的天賦與特質，不同的老師也可以對應不同學生的需要。

大家同心，一起更好，不需用同一模板強壓成同一模式，就像學生可有高中、高職、文組、理組多種選擇，多元開闊，才有燦爛！

五、新時代，更要留意「距離」的分際

電子通訊的發達，讓人際往來越來越方便，師生間可以透過Facebook、Instagram互相了解動態，彼此關心。下課後，利用通訊軟體互相聯繫，也是時代的趨勢。

這時代，老師可以高高在上，但也可以在通訊軟體上和學生沒日沒夜、天南地北地聊，像好友知己一樣。

文字與聊天的力量可以滲透人心，對班級管理而言，也是新時代的好方法。但，不得不提醒：當老師將這些對話視為真心相待與私密互動時，學生卻不一定如此。

學生的手機常是互通有無的，手機裡的對話紀錄更是青春期孩子平淡生活中的焦點，即使師生對話不需遮掩，但也可能讓其他學生覺得「老師特別偏心」，而有各種揣測想法；更遑論在對話中涉及相關人事，都會被截圖傳閱，引起軒然大波。

另一方面的顧慮是：對青春期孩子而言，和師長特別熱切的互動也容易引起各種想像與依賴。雖然孩子的依賴對教養來說可能有好處，然而，一旦老師的時間精力無暇繼續回應這份依賴，就會產生後續問題，孩子可能用各種方式企圖引起老師注意，或者延伸成情緒勒索。

師生間的分際拿捏，是智慧；老師面對單一與全班的分際拿捏，更是智慧。

在通訊發達的新時代，我不只一次看到學生拿著老師與某生的對話互相傳閱、私下評論，更看到的是分際拿捏得不恰當，所導致的各種問題。這個界線，我認為是身為老師的終極考驗。

六、守護內心的平靜，沉靜取捨，直行無畏

人生是關關難過關關過，困境、挫折、打擊都是正常的。

不論什麼境遇的人都有自己的難題，看別人幸福什麼都有，就羨慕不已，

其實只是你不了解他的人生而已。

既然有關要過，就不免有情緒衝擊，因此，找到一套讓自己脫困、回歸平靜的方法就很重要。

我的作法是去散步或跑步，邊聽線上課程，讓思緒流動，有時會意外聽到受用的知識；或者邊騎腳踏車邊聽歌，音樂與車速流轉著，人也能夠從原有的時空中抽離；或者看場電影，電影院本身就是抽離的時空，又能讓人在舒適氣氛中投入一個故事中，是極為享受的時光；看書是最好的人生解藥，有時去書店、圖書館轉一圈，就能從煩亂回到平靜。

找到有益身心的抒壓方法，避免暴飲暴食這般的解放，因為，不合適的方法常會產生更大罪惡感跟後果，往往只會讓感覺更糟！

七、心念不空過，能滅諸有苦

我沒有什麼高深學問，也不是非常了解佛學，但很喜歡這兩句話，經典中的智慧常常能跨越時代，產生力量。而這兩句話，常常是我猶豫著不知該不該行動時的準則。

只要是善的事、好的事、當下覺得該做的事，就趕緊完成，如此能解除事後的諸多遺憾。

當我猶豫要不要教學生這麼多，或者時間很少，猶豫該不該進行某件事時，最終，這兩句話都會浮出來，都會選擇「去做」。

既然有好的起心動念，就去實踐，結果如何就順其自然。或許不只是未來不遺憾，也是為自己多存點善的存款。事實上，沒有遺憾，把握當下實踐，也就是心安、平安的真諦了。

八、每個人都有影響力，留意自己的影響力

同一件事，面對不同學生，常有不同處理方式，有些要用很強的力度去罵醒，有些需要私下緩聲勸誡，有些可以當著全班說、一起學，有些則必須顧全

自尊、小心謹慎。

當責任越重，越有發言權時，也越要留意自己的言論，不要過度，不要偏激，也不要情緒化。

曾經聽過一個作家演講，他少年得志，名氣響亮，作家功成名就，擅長思辨又的確有些經歷，覺得凡事都是自己的功勞，因此，對著學生說話時，沒有留意到自己此刻已經有了影響力，過分強調爭取自主意識、學習無用論，卻沒有考量到學生的年紀——他們該做什麼？他們能做什麼？能承擔什麼？又可以做到什麼？

因此，教導的內容雖然有啟發性，卻缺乏更細微省察，而學生常常只獲取最激動的那一句，可能只得到「抗爭就對了」的結論，但作家一走，反而讓他們更難面對人生的課題。

有一天，當你有影響力，有舞台讓你說話，要記得影響力也是責任，留意自己的表達。

國家圖書館出版品預行編目 (CIP) 資料

最難的一堂課：充滿挑戰的教育現場，老師如何帶著愛和勇氣站在台上 / 陳怡嘉著 . -- 初版 . -- 臺北市 : 遠流出版事業股份有限公司 , 2021.02
面； 公分
ISBN 978-957-32-8945-6(平裝)
1. 師生關係 2. 中等教育 3. 通俗作品
524.5 109021924

最難的一堂課

充滿挑戰的教育現場，老師如何帶著愛和勇氣站在台上

作　　者｜陳怡嘉
總 編 輯｜盧春旭
執行編輯｜黃婉華
行銷企劃｜鍾湘晴
美術設計｜王瓊瑤

發 行 人｜王榮文
出版發行｜遠流出版事業股份有限公司
地　　址｜100 臺北市中山北路一段 11 號 13 樓
客服電話｜02-2571-0297
傳　　真｜02-2571-0197
郵　　撥｜0189456-1
著作權顧問｜蕭雄淋律師
ISBN ｜ 978-957-32-8945-6

2021 年 2 月 1 日初版一刷
2023 年 2 月 14 日初版四刷
定　　價｜新台幣 360 元
(如有缺頁或破損，請寄回更換)

YLib.com 遠流博識網
http://www.ylib.com
Email: ylib@ylib.com